Obras
da Fé

Chico Xavier

Obras da Fé

Por
Espíritos diversos

Organização de
João Marcos Weguelin

VINHA
DE LUZ

Belo Horizonte
2014

EDIÇÃO: Vinha de Luz | Serviço Editorial
Departamento Editorial da Casa de Chico Xavier
Av. Álvares Cabral, 1777 | 20º andar | Sala 2006
Santo Agostinho | 30170-001 | Belo Horizonte | MG
(31) 2531-3200 | 2531-3300 | 3517-1573
www.vinhadeluz.com.br — informacoes@vinhadeluz.com.br
www.casadechicoxavier.com.br — informacoes@casadechicoxavier.com.br

COORDENAÇÃO EDITORIAL
Célia Maria de Oliveira Soares | Geraldo Lemos Neto | João Marcos Weguelin

CAPA
Thiago Panegassi Lopes de Campos

PROJETO GRÁFICO | TRATAMENTO DE IMAGENS | DIAGRAMAÇÃO
REVISÃO TÉCNICO-CIENTÍFICA
Célia Maria de Oliveira Soares

FOTOGRAFIAS
Abraão Soares Jr. | Carlos Malab | Décio Iandoli Jr.
Etel Pires | Estêvão Soares Villas
Luiz Carlos Diniz Araújo Filho (Foto na Net Fotografia e Filmagem)
Geraldo Lemos Neto | Gustavo Capanema
Jackson Romanelli | Jhon Harley | João Cabral | Juvan de Souza Neto
Tatyane Santos | Lourenço Lima Peixoto | Marco Gandra
Revista IstoÉ #2103 - 26.Fev.2010 | Roberto Sabbadini
Pedro Tavares | Peterson Fonseca
Oceano Vieira de Melo

1ª edição — abril 2014 | 2.000 exemplares

Dados Internacionais de Catalogação na Publicação (CIP)
(Câmara Brasileira do Livro, SP, Brasil)

Obras da fé / Espíritos Diversos ; [psicografado
por] Francisco Cândido Xavier ; organizado por
João Marcos Weguelin . -- Belo Horizonte : Vinha
de Luz , 2014 .

Bibliografia
ISBN 978-85-63716-21-7

1 . Espiritismo 2 . Médiuns - 3 . Mensagens
4 . Psicografia I . Espíritos Diversos II . Weguelin ,
João Marcos . III . Xavier , Francisco Cândido ,
1910-2002 .

14-02982   CDD - 133.93

Índices para catálogo sistemático :

1. Brasil : Médiuns : Biografia e obra 133.93

Dedicatória

À Wanda Amorim Joviano,
com todo o nosso amor, carinho e gratidão!

Sumário

Geraldo Lemos Neto e o manuscrito de Chico Xavier do livro *Colheita do bem*, lançado em 2010

C

D

Pórtico de entrada da Casa de Chico Xavier
de Pedro Leopoldo, Minas Gerais

Apresentação

Geraldo Lemos Neto com Chico Xavier
em Uberaba, Minas Gerais, na década de 80

As muitas histórias por trás dos livros de Chico Xavier

A Vinha de Luz Editora está completando 10 anos de vida em 2014. Desde sua primeira obra, *Réstia de luz*, livro psicografado por Geraldo Lemos Neto, contendo mensagens que interpretam as lições de *O Evangelho Segundo o Espiritismo*, de Allan Kardec, foram publicados mais 25 livros e um CD. Ao longo dos anos, a editora se especializou em localizar textos inéditos de Chico Xavier que permanecem perdidos em jornais, revistas ou arquivos pessoais, longe do alcance do grande público.

Enquanto algumas instituições creditaram a Chico Xavier a psicografia de até 412 obras, Geraldo Lemos Neto reuniu 427 até 2001. Desde então esse número já se elevou a, pelo menos, 472 obras, através de pesquisas da Vinha de Luz em conjunto com outras editoras.

Este lançamento comemorativo dos 10 anos da Vinha de Luz oferece ao leitor uma seleção de mensagens de espíritos diversos, publicadas em 14 livros da editora e que foram psicografadas por Chico Xavier.

Não são poucas as histórias e as curiosidades que envolvem a Vinha de Luz e cada uma das suas obras. Sua própria criação surgiu a partir de um desdobramento espiritual de Geraldo Lemos Neto, em 2003, em que Chico Xavier lhe fez um convite ao trabalho do livro espírita. Na mesma data, dois outros médiuns tiveram sonhos com Chico Xavier tendo os braços cheios de livros que ainda estavam por ser publicados. A Vinha de Luz Editora foi fundada naquele mesmo ano e em 2004 foi publicado o primeiro livro, o *Réstia de luz*.

A primeira obra da editora de autoria de Chico Xavier foi *Sementeira de luz* (2006). As mensagens apresentadas no livro surgiram espontaneamente pela mediunidade psicográfica de Francisco Cândido Xavier a partir de 1935 na residência do Dr. Rômulo Joviano na Fazenda Modelo, em Pedro Leopoldo, Minas Gerais, por ocasião da realização semanal do culto do Evangelho no lar do Grupo Doméstico Arthur Joviano. O livro apresenta as mensagens psicografadas por Chico Xavier entre 1935 a 1945, e em 1949. Já a continuação dessa obra, *Sementeira de paz* (2010), reuniu as mensagens dos anos 1946 a 1948. As duas obras apresentam o roteiro de revelações espirituais do espírito Neio Lúcio, que "em última romagem terrena envergou a personalidade do professor Arthur Joviano, pai do Dr. Rômulo Joviano, mui digno diretor da Fazenda Modelo em Pedro Leopoldo, onde Chico Xavier trabalhou por largos anos".

As mesmas reuniões do culto do Evangelho no lar deram origem a mais outra obra, dessa vez pela autoria espiritual de Emmanuel, "o espírito responsável pela materialização da extensa bibliografia que tanto esclarecimento e consolação verteram da Vida Maior para a face da Terra, através das abnegadas mãos de Chico Xavier. *Deus conosco* (2007) traz de volta ao convívio os memoráveis discípulos do Cristo, ligados desde priscas eras, cuja missão foi a da revivescência do Cristianismo puro e simples dos tempos apostólicos no coração humilde e generoso das terras pacíficas do Brasil".

A obra *Militares no Além* (2008) também foi psicografada nas referidas reuniões. As mensagens surgiram quando os avós maternos de Wanda Amorim Joviano – General Aurélio de Amorim e Júlia Pêgo de Amorim – passavam férias anuais em sua casa, "ocasião em que vários espíritos, que tinham sido militares em sua última encarnação, deixaram registradas suas presenças, quer por mensagens quer por simples declinação de seus nomes ao querido médium Chico Xavier".

Dois livros surgiram em 2009. *Iluminuras* (2009) é uma coletânea organizada por Cezar Carneiro de Souza, em torno dos pensamentos e frases extraídos do livro *Deus conosco*, já citado, reunindo "a riqueza dos ensinamentos evangélicos e atestando o amparo de nosso Senhor Jesus Cristo à divulgação da Doutrina Espírita, codificada pelo apóstolo Allan Kardec". E *Pérolas de sabedoria*, "um oceano imenso e profundo que contém a água pura dos ensinamentos espirituais mais vivos trazidos à Terra pelos livros *Sementeira de luz* e *Deus conosco*", coletânea que o irmão Braz José Marques "trouxe a lume como autêntico pescador de pérolas".

Em 2010, ano do centenário de nascimento de Chico Xavier, houve, de fato, uma chuva de livros, com quatro lançamentos. Além do já citado *Sementeira de paz*, foram lançados o *Chico Xavier – O primeiro livro*, o *Colheita do bem* e o *Luz na Escola – Chico Xavier na Escola Jesus Cristo de Campos | RJ*.

Chico Xavier – O primeiro livro reúne as primeiras produções manuais de Chico Xavier, inclusive com desenhos e ilustrações. Tais manuscritos estiveram guardados a vida inteira em um exemplar único e que, ao final de sua vida terrena, foram entregues ao seu sobrinho-neto Sérgio Luiz Ferreira Gonçalves, que, junto de Geraldo Lemos Neto, é organizador da obra. O *Colheita do bem* finaliza a trilogia iniciada com o livro *Sementeira de luz*. Suas mensagens foram psicografadas por Chico Xavier nas mesmas reuniões do culto do Evangelho no lar da família Joviano, entre os anos de 1949 a 1953, e também nos anos de 1960 e 1962. O *Luz na Escola – Chico Xavier na Escola Jesus Cristo de Campos | RJ* contém mensagens psicografadas por Chico Xavier durante visita de quatro dias à Escola Jesus Cristo, em Campos, Estado do Rio de Janeiro, em 1940. A obra foi organizada por Clóvis Tavares e por Flávio Mussa Tavares.

Chegamos então às duas obras que tivemos a alegria de organizar em 2012: *Chico Xavier – A aurora de uma vida entre o Céu e a Terra*, e *Lições para Angelita*.

Chico Xavier – A aurora de uma vida entre o Céu e a Terra reúne as mensagens que Chico Xavier publicou no jornal Aurora, do Rio de Janeiro, entre 1928 e 1933, quando iniciava a sua mediunidade e quando ainda não era capaz de identificar os espíritos comunicantes. *Lições para Angelita* é uma obra do espírito do poeta português João de Deus, psicografada quando Chico Xavier tinha apenas 20 anos e que também foi publicada no jornal Aurora. Esse livro "contém 20 mensagens repletas de ensinamentos preciosos, repassados de mãe para filha a partir do dia a dia que ambas vivenciam e também das perguntas que a menina faz sobre os mais diversos temas acerca da existência".

Outras obras chegaram em 2013, como *Depois da travessia*, *Registros imortais* e *Militares com Jesus*.

A obra *Depois da travessia* tem "a sua primeira parte originária da fase do médium em Pedro Leopoldo, na Fazenda Modelo, na qual, após o serviço, frequentou o culto do Evangelho no lar do Grupo Doméstico Arthur Joviano, levado a efeito, semanalmente, pela família de Dr. Rômulo Joviano. Já a segunda parte é fruto da última fase da psicografia do médium em Uberaba, onde, nas sessões públicas do Grupo Espírita da Prece, recebeu o espírito da irmã, D. LuizaXavier, em diversas oportunidades, a partir de 13 de julho de 1985".

Já *Registros imortais*, organizado por Eugênio Eustáquio dos Santos, resgata mensagens inéditas psicografadas no Centro Espírita Meimei, de Pedro Leopoldo, de 1956 a 1958. As mensagens ficaram "perdidas" por mais de 50 anos e foram localizadas em uma pasta pelo memorialista pedroleopoldense Geraldo Leão, encerrando uma busca que se estendeu ao longo de décadas. Além das referidas mensagens, a obra resgata também um pouco da história do Grupo Meimei e apresenta farta documentação iconográfica.

Militares com Jesus, organizado pelo confrade Cezar Carneiro de Souza, apresenta fragmentos extraídos do livro *Militares no Além*, psicografado por Francisco Cândido Xavier no período de 1936 a 1952 em Pedro Leopoldo, Minas Gerais, "selecionados e reunidos nesse volume como valiosos ensinamentos dos benfeitores da Vida Maior".

A presente obra reúne uma seleção de mensagens psicografadas por Chico Xavier em 14 obras da Vinha de Luz Editora. No entanto, é importante registrar que a editora produziu várias outras, que não se enquadram na categoria de mensagens psicografadas, mas que têm como tema central a vida e a obra de Chico Xavier.

Nessa categoria podemos citar o *Célia Lucius, Santa Marina* (2008), de Flávio Mussa Tavares, o *Evangelho puro, puro Evangelho – Na direção do Infinito* (2009), de Martins Peralva e organizado por Basílio Peralva, *Chiquito* (2009), da autora portuguesa Julieta Marques, *O voo da garça – Chico Xavier em*

Pedro Leopoldo | 1910-1959 (2010), de Jhon Harley, *Pedro Leopoldo vista por Chico Xavier – 1910/1959 – 49 anos da presença do maior médium de todos os tempos* (2011), organizado por Geraldo Leão e Geraldo Lemos Neto, *Chico Xavier – O médium dos pés descalços* (2011), de Carlos A. Baccelli, *Isabel – A mulher que reinou com o coração* (2012), da também portuguesa Maria José Cunha, e *Chico Xavier com você* (2013), de Carlos A. Baccelli.

A editora tem entre seus títulos o "audiobook" em CD *Viajantes – A Espiritualidade iluminando sua Mente e seu coração através de Chico Xavier* (2011), com mensagens psicogradadas por Chico Xavier, por espíritos diversos, organizado e interpretado por Fernando Peron, e as obras psicografadas por Geraldo Lemos Neto – *Réstia de luz* (2004) e *Ignácio de Antioquia* (2005), e por Carlos Malab – *Era uma vez para sempre* (2007).

Por fim, citamos mais três obras que mesmo não tendo sido lançadas pela Vinha de Luz estão muito ligadas a ela: *Bastão de arrimo* e *Chico Xavier – Mandato de amor*, ambas organizadas por Geraldo Lemos Neto, e publicadas pela União Espírita Mineira, e *Não será em 2012 – Chico Xavier revela a data-limite do Velho Mundo*, de Geraldo Lemos Neto e Marlene Nobre, sob a chancela da Editora Folha Espírita.

Rogamos que nos próximos 10 anos a chuva de livros e de bênçãos possa trazer muitas outras obras com mensagens inéditas ou perdidas do inesquecível seareiro de luz que foi, e será sempre, Chico Xavier.

João Marcos Weguelin
Rio de Janeiro, 23 de fevereiro de 2014

VINHA
DE LUZ

*10
anos*

Prece
de abertura

"Grande e sublime estrela do Senhor, de alma genuflexa nós te respeitamos! Ensina-nos a guardar as tuas bênçãos, vigia os nossos passos, mantém os nossos caminhos abertos para as montanhas da redenção, ajuda-nos ainda, apesar de nossas fraquezas, e, embora permaneças tão alto, recebe as nossas flores! Elas te fazem sentir o aroma de nossos afetos ainda presos entre as hastes da Terra! Estrela soberana, agora e sempre, espalha sobre nós os teus divinos raios! Ensina-nos a ciência do amor, da luz e do infinito perdão! Auxilia-nos! E, ainda que estejamos caídos, dá-nos tua luz!"

Engrácia Ferreira
(Sementeira de luz | Depois da travessia)

Publicações da Vinha de Luz Editora na Saraiva Mega Store do Shopping Vila Olímpia, na capital paulista

Obras
da Fé

A

Em 2004, no túmulo de Allan Kardec, em Paris, França: Geraldo Lemos Neto, Marlene Nobre, Weimar Muniz, Antônio Fontana, o casal Jussara e Carlos Malab, e Ivanir Severino nos 200 anos de Allan Kardec

ACIDENTES

"Não temas os acidentes naturais do processo de tratamento a que vai se submetendo, gradativamente. A existência terrestre, meu caro, pode ser simbolizada na viagem fluvial tão de sua intimidade na região que o viu renascer desta vez! Enquanto o barco físico desce rio abaixo, não é preciso grande cuidado no leme ou na conta de tempo, em razão das circunstâncias favoráveis que apoiam qualquer descida. Mas quando a embarcação retorna, rio acima, nem sempre é possível contar com os mesmos recursos fáceis! Por vezes, a hora é de seca extrema e de vento escasso... Bancos de areia surgem, inexoráveis! Dias e noites são despendidos nos intervalos da romagem no leito menos acolhedor das águas. É indispensável muita cautela contra as tentações que nos induzem à internação pelos matagais que fluem das margens. Muitos viajores perdem a ocasião de esperar com paciência e lutar com renúncia. O leme expresso na mente há que ser trabalhado, viajado e usado em processo de trabalho intensivo."

Ismael da Rocha
(Militares no Além)

AÇÕES

"Desculpar em silêncio, sem nunca mais nos referirmos à ofensa. Cumprir os nossos deveres com alegria. Tolerarmo-nos, mutuamente, dentro do lar, naquela harmonia, por vezes, tão difícil de construir. Ajudar sem exigir o entendimento daqueles que as nossas mãos auxiliam. Olvidar, de maneira definitiva e sem qualquer condição, as pequeninas alfinetadas que recebemos, em nosso próprio benefício, no círculo daqueles a quem mais amamos. Cultuar cada dia a humildade, o serviço, a oração. Ser, realmente, bons uns para com os outros."

Amintas Soares

(Registros imortais)

AFLITOS

"Esquecei um minuto os faustos mais seletos, procurando enxugar a lágrima dorida dos aflitos na Terra – a plaga entristecida – pois que são de Jesus os filhos prediletos!"

Espírito não identificado

(Chico Xavier – A aurora de uma vida entre o Céu e a Terra)

AGRADECIMENTO

"Cultivemos as nossas preces de agradecimento e de amor ao supremo e compassivo Poder. A vida humana é uma rede gloriosa, tecida de valores pequeninos. Nas provas aparentemente insignificantes, conhecemos, por isso mesmo, quão imensa é a Bondade Celestial."

Neio Lúcio

(Sementeira de paz)

ÁGUA FLUIDIFICADA

"À noite de cada dia, coloca meio litro de água pura no quarto de dormir, água que poderás beber, à vontade, no curso do dia imediato e que estará fluidificada pelas nossas possibilidades espirituais, atendendo-te às necessidades psíquicas."

Emmanuel
(Iluminuras | Pérolas de sabedoria)

AJUDA

"Ajudemos sempre. Apaguemo-nos para que o bem resplandeça. Façamos do dia uma lanterna amiga para clarear o nosso caminho e a senda de outros que marcham no roteiro evolutivo não distante de nós. Recapitulemos o gesto de fraternidade no testemunho da boa intenção tantas vezes quantas se fizerem necessárias."

Neio Lúcio
(Colheita do bem)

"Ajudemos àqueles que nos orientam na esfera material com a projeção dos nossos recursos mentais de simpatia e de auxílio."

Pêgo Junior
(Militares com Jesus)

ALÉM-TÚMULO

"A vida de além-túmulo não nos priva desse conforto sagrado de aproximação e de convívio com os entes mais queridos do coração."

Quininha
(Luz na Escola – Chico Xavier na Escola Jesus Cristo de Campos | RJ)

ALIMENTO

"Todos nós, encarnados e desencarnados, fora dos liames do indumento físico, ou jungidos ainda a ele, necessitamos da esperança, da paciência e da prece à feição de alimento invisível que nos garanta a limpidez de consciência, a tranquilidade mental e o estímulo ao trabalho, como quem sabe que todos os patrimônios da vida pertencem a Deus, nosso Pai celestial."

Ozias

(Registros imortais)

ALMA

"Quantas vezes temos experimentado as amarguras da separação dos mais queridos? Quantas vezes tivemos que sorver o cálice das lutas rígidas nos labores expiatórios? Tudo se esvai, no que se refere às expressões humanas, mas a alma fica imune no torvelinho das modificações..."

Amélia Amorim

(Depois da travessia)

"Figuremos nossa alma como sendo uma casa. A casa que o Senhor nos concede no mundo contra a intempérie. Observando o recinto doméstico, reconheceremos o caráter inalienável da limpeza e da segurança para que tudo esteja em ordem."

André Luiz

(Registros imortais)

AMAR

"Muito sofre quem muito ama e toda dificuldade reside

em não ultrapassar essas fronteiras do amor, atendendo ao mal que provoca, sempre e invariavelmente, longe ou perto. Por isso mesmo é imprescindível muito senso de equilíbrio para que o sofrimento dessa natureza não nos aniquile as melhores esperanças. Cada trabalhador receberá por suas obras. Nessa grande verdade, todas as meditações serão pequenas, porquanto se o servo fiel recebe a colheita da dedicação, o mau servo não encontra ao fim do labor senão os espinhos que semeou inadvertidamente."

Neio Lúcio
(Sementeira de luz)

"Quem bem ama neste mundo é mensageiro da paz, que a treva nunca desfaz em seu labor infecundo! É sempre um farol bendito, das luzes mais radiosas, excelsas, maravilhosas, resplendentes no Infinito!"

João de Deus
(Lições para Angelita)

"Amar é ser no mundo a rosa perfumada, sobretudo ser bom, ser alma abnegada, pois é no sacrifício o verdadeiro amor!"

Espírito não identificado
(Chico Xavier – A aurora de uma vida entre o Céu e a Terra)

AMIZADE

"A amizade nunca morre. É planta sublime, com raízes na Eternidade. Por vezes, a morte apenas consegue eclipsar-lhe a expressão visível ao olhar humano, contudo, dentro do reino espiritual, estamos unidos perenemente uns aos outros."

Helena Maia
(Depois da travessia)

"O perfume da amizade santa é a claridade dos caminhos."

Emmanuel

(Deus conosco)

AMOR

"A única força que o tempo não desloca, e antes, aumenta sempre, é a do amor."

Arthur Joviano

(Sementeira de luz | Pérolas de sabedoria)

"Pelas estradas do amor, a virtude nos conduz às culminâncias da luz, ao seio do Criador!"

João de Deus

(Lições para Angelita)

"Só o sentimento do amor nos eleva e edifica e, feliz, identifica nossas almas ao Criador!"

João de Deus

(Lições para Angelita)

"Construamos com amor como quem sabe que sem interesse do coração obra alguma é capaz de viver, e sem apego individual como quem não desconhece os imperativos do Alto, que tudo dá e tudo renova, segundo as nossas necessidades."

Neio Lúcio

(Sementeira de paz)

"O amor nunca poderia desaparecer no túmulo. Tudo continua além da vida terrestre, mas, para que a felicidade seja nossa, é preciso que estejamos vigilantes, construindo a felicidade dos outros."

Sabino
(Registros imortais)

"Em tudo o amor sublime anda disperso. Da estrela excelsa à larva sob o chão. O amor é mão de Deus sobre o Universo, construindo a grandeza e a perfeição."

Irene Souza Pinto
(Registros imortais)

ÂNIMO

"Prossegui animados em vossas lutas da Terra. Dai sempre tudo o que possuirdes de bom. O Senhor multiplicará as bênçãos. Forneçamos o mínimo. Ele conferir-nos-á o máximo."

Emmanuel
(Deus conosco | Pérolas de sabedoria)

"Creia sempre, cada vez mais, nas próprias forças. Não há decreto que nos imobilize quando nos sentimos dispostos a servir. Confie nos seus amigos espirituais e não esmoreça! A realização que nos cabe é infinita!

Francisco de Paula Argollo
(Militares com Jesus)

ANTE A LIÇÃO

"Seja cada lição do caminho a manifestação do Senhor para o nosso espírito de aprendizes. E que toda lição nos traga luz e paz, incorporando mais realidade divina à nossa construção humana."

Emmanuel

(Iluminuras | Pérolas de sabedoria)

APELOS DO BEM

"Não esperes ocasião favorável para a resposta aos apelos do bem. Todo dia é tempo de semear. Quantos se prendem à teia escura da desconfiança e do medo, perdendo as mais belas oportunidades de elevação? Se já pudeste aprender que a humanidade é nossa família, levanta no centro da própria alma o primeiro santuário de teu ideal, erguido à extensão do reino do amor."

Emmanuel

(Deus conosco)

APERFEIÇOAMENTO

"O que nos pede o Senhor da Vida é o nosso aperfeiçoamento e para essa missão ele concede inúmeros amparos para que a nossa experiência seja sempre um marco de evolução. É isso que todos pedimos aos companheiros de humildade. Que não desperdicem um só instante do tempo concedido a cada um de nós para a imersão na carne. O sucesso de cada um tem reflexo em toda a humanidade, porque o aperfeiçoamento de um acarreta a elevação de muitos."

João de Deus Macário

(Depois da travessia)

ÁRVORE DO BEM

"A palavra amiga, o sorriso confortador, a gota de remédio, o pedaço de pão são células da árvore do bem, cuja sombra frondosa vos guarda no Céu, distante do calor dissolvente das paixões terrestres."

Engrácia Ferreira
(Depois da travessia)

ASSÉDIO

"Os maus serviços não despertam a inveja, não criam perseguições, não acordam o despeito no mundo dos homens encarnados. Apenas a árvore generosa que se carrega de frutos desperta o assédio dos viajores de sentimentos menos dignos e precisamos concordar em que esses viajores nas estradas terrenas são, ainda, em maior número."

Neio Lúcio
(Sementeira de paz)

ASSISTÊNCIA

"Há muito serviço esperando por nós e por que razão abandonar a Terra aos cuidados e cogitações de si própria? Aqui compreendemos nela a nossa 'velha mãe', necessitada de nosso amparo eficiente e de nosso carinho vigilante."

Pêgo Junior
(Militares com Jesus)

ATENÇÃO

"Centralize a atenção na confiança, na alegria e na certeza de sua consagração pessoal ao bem e não se arrependerá! Não há hora de crepúsculo para quem confia a mente ao brilho da alvorada. Esperemos, confiantes em Cristo, o dia de amanhã, que é sempre novo pelas novidades benéficas que podemos tecer no mundo de nós mesmos."

Ismael da Rocha
(Militares no Além)

AUXILIAR

"Auxiliemo-nos uns aos outros e perseveremos no roteiro confiado aos nossos corações. O sol resplandece depois de cada noite e os rebentos novos das árvores robustecem a vida. As horas são sempre brotos renovados no tronco milagroso do tempo. Convertamo-las em motivos de edificação permanente."

Neio Lúcio
(Colheita do bem)

"Auxiliemos, com discrição e caridade, a ignorância dos outros, como nos seja possível, e silenciemos sempre onde e quando não nos seja possível auxiliar. Diante do pior praticado por nosso companheiro, recordemos o melhor que ele desejaria ter feito. Ante a deficiência do próximo, mentalizemos a condição superior que ele aspire."

André Luiz
(Registros imortais)

AVERSÕES

"Velhas aversões do passado costumam se reaproximar de nós, infundindo-nos medo, perturbações e irascibilidade, mas com a prece e com a fraternidade que sombras não serão dissolvidas?"

Sabino
(Registros imortais)

Wanda Amorim Joviano no lançamento do livro *Sementeira de luz*, realizado durante a inauguração da Casa de Chico Xavier, em Pedro Leopoldo, Minas Gerais, no dia 2 de abril de 2006

*Inauguração da Casa de Chico Xavier
em Pedro Leopoldo, em 2 de abril de 2006*

BEM

"Cultivemos, com método, a convicção de que tudo se transforma para o bem mais elevado e esse pensamento suficientemente corporificado em nossa cabeça é a sede de muitas forças sempre crescentes, aperfeiçoadas e renovadas, que acreditávamos não existir."

Neio Lúcio
(Colheita do bem)

"Sede bons porque o bem é a luz potente que nos leva ao Sublime Onisciente, conduzindo-nos sempre em ascensão! Sede bons nessa vida passageira e ao buscardes a vida verdadeira marchareis firmemente à Perfeição!"

João de Deus
(Chico Xavier – O primeiro livro)

"Semeia sempre o bem, em atitudes de coragem moral e em gestos que constituem as mais legítimas expressões da prática do bem."

Emmanuel
(Deus conosco | Pérolas de sabedoria)

"Todo bem que praticamos (...) se reverte em nosso benefício. É da lei que todo aquele que dá com amor seja recompensado, centuplicadamente, pela própria vida que, no fundo, é amor de Deus, Criador e Pai nosso! Há tantos amigos deste lado ajudando a você (...)"

Antoninho
(Militares no Além | Militares com Jesus)

"Desdobremo-nos (...) a serviço de todos. O que se fizer no bem efetuar-se-á para o nosso próprio bem."

Antoninho
(Militares com Jesus)

BEM-AVENTURADOS

"Bem-aventurados os que acordam na carne e põem-se a caminho da Vida Superior. Quase toda gente espera a morte fascinada pelo repouso, mas que repouso pode alcançar aquele que fugiu de todas as possibilidades de criação da verdadeira paz?"

Neio Lúcio
(Sementeira de paz)

BENEFÍCIOS

"Plantemos os carvalhos dos benefícios eternos. De fato, custam muito a oferecer retribuição, exigem longo tempo de esforço, mas, por isso mesmo, resistem à passagem dos anos, como sentinelas avançadas das mãos que os plantaram ao solo."

Neio Lúcio
(Sementeira de paz)

BOA VONTADE

"Crê. A mão de Jesus guiará sempre, em todos os tempos, os espíritos de boa vontade. Para estes haverá sempre aquele "acréscimo" de que nos fala a lição divina."

Emmanuel

(Deus conosco | Iluminuras)

BOM LIVRO

"Um bom livro é sempre uma sementeira de renovação salutar na Terra e somos gratos à vossa colaboração generosa de sempre. A infatigabilidade é um dom da alma que se reúne ao divino Doador."

Emmanuel

(Iluminuras)

BOM TRABALHADOR

"Atendido o trabalho, recebidas as bênçãos a que todo serviço nobre faz jus, descansai na tranquilidade dos trabalhadores fiéis. Felizes de vós que esquivais ao carregamento de pedras inúteis do mundo."

Emmanuel

(Iluminuras)

BONDADE

"A Bondade Infinita não nos conduz a problemas inúteis ou testemunhos prematuros. Defrontado por adversário complexo que se encontra na lista de nossos associados do reajuste, usamos nele, com ele e em torno dele os antissépticos da lição de Jesus."

Neio Lúcio
(Colheita do bem)

"A bondade, em todo o instante, é sempre a flor de pureza, cuja mágica beleza é fúlgida e deslumbrante."

João de Deus
(Lições para Angelita)

"Tudo é bondade pura no caminho! Tudo vibra no anseio de ajudar! A montanha, a floresta, o campo, o ninho, o vale, o vento, a escola, o templo e o lar."

Irene Souza Pinto
(Registros imortais)

BONS PENSAMENTOS

"Sempre, em torno do meio em que vivemos, devemos insuflar ideias sãs e bons pensamentos, pois será da tranquilidade dos lares que nascerá a nova era de paz para a humanidade."

Espírito não identificado
(Chico Xavier – A aurora de uma vida entre o Céu e a Terra)

BRASIL

"Tenho comigo a profunda aspiração de um Brasil melhor, superiormente governado, onde a liberdade seja o clima natural de todas as manifestações do pensamento."

Antoninho
(Militares com Jesus)

BRASILEIROS

"Aos brasileiros generosos e pacifistas, por índole, cabe a grande tarefa de evangelizar, mas é preciso que os companheiros da causa da luz e da verdade se atirem, com desassombro e renúncia pessoal, ao trabalho de elucidação das massas, afastando-as do fanatismo, dos fetiches e do espírito de seita."

Emmanuel
(Deus conosco)

O livro *Deus conosco* foi lançado no I Humanizar, realizado em Belo Horizonte, Minas Gerais, nos dias 1, 2 e 3 de junho de 2007

Célia Soares e Cotinha Toledo na inauguração
da Casa de Chico Xavier, em 2 de abril de 2006

CAMINHO

"O homem que passa despreocupadamente no caminho comum não vê a flor que lhe enfeita a passagem, o vento que atenua os rigores do sol, a árvore frondosa que estende a sombra amiga. Tudo isso é um detalhe da habitação terrestre que lhe foi concedida pela magnanimidade do Todo-Poderoso, mas aí no mundo nossas almas costumam dormir o sono pernicioso da indiferença para com as bênçãos divinas."

Neio Lúcio
(Sementeira de luz)

CARIDADE

"Caridade não é a palavra que designa estados de beneficência social, nem sempre orientada a fins justos, mas significa muito mais proteção e esforço do bem para com os necessitados, onde as terras, as plantas e os animais se acham incluídos."

Neio Lúcio
(Sementeira de luz)

"Nesta vida de ilusão lembra-te sempre, em verdade, que fora da caridade não existe a salvação."

João de Deus
(Lições para Angelita)

"Recordaremos, assim, nossos deveres mais simples, aquela caridade da mão direita que se oferece sem que a esquerda o saiba. Caridade que não se resume à doação do supérfluo de nossa mesa, mas sim aquela que entrega a própria alma em função desse amor que nós fomos chamados a cultivar com o Mestre da Cruz."

Amintas Soares
(Registros imortais)

"Cede as sobras da mesa aos filhos do infortúnio espalhando consolo, que toda caridade é sempre grande e santa."

Dario Veloso
(Registros imortais)

CASAMENTO

"O casamento é uma estrada florida para ativa lavoura de bênção que nos compete aprimorar e elevar por muitos e venturosos anos de ação no bem."

Neio Lúcio
(Colheita do bem)

CENÁRIO

"O cenário de quem deseja trabalhar sinceramente no mundo é quase sempre este: sacrifícios, incompreensões, pesares e dissabores inúmeros na pauta dos hábitos humanos. E isso se verifica porque o operário leal tem contra ele a volumosa bagagem do mal, que tudo faz por permanecer."

Neio Lúcio
(Sementeira de luz)

CENTRO ESPÍRITA

"Um centro espírita é, sobretudo, um templo de manifestação dos pensamentos da Esfera Superior, na condução dos problemas humanos à sua equação necessária e justa. Em semelhante santuário, os nossos testemunhos de impessoalização devem ser incessantes se quisermos oferecer o fruto de nossa instrumentalidade para que o estandarte do Cristianismo renascente domine as consciências, libertando-as para a Vida Maior."

Efigênio
(Registros imortais)

CÉU E INFERNO

"O céu existe formoso na consciência ditosa, que segue, clara e formosa, no porvir esplendoroso. E o inferno está no mal de uma alma que se desvia, quebrando, assim, a harmonia do bem, que é sempre imortal!"

João de Deus
(Lições para Angelita)

CHAGAS

"Volve ao céu todo piedoso coração, que andas ferido! Deus cura todas as chagas do mal que tens padecido."

Casimiro Cunha
(Chico Xavier – O primeiro livro)

CHORAR

"Chorar? Para que chorar se a vida é uma corrida, um momento fugaz e que tão pouco dura? Para que lamentar se a nossa grande lida é o caminho febril que torna a alma pura?"

Chico Xavier

(Chico Xavier – O primeiro livro)

CLARIDADES

"Cada vez que você acende claridades de raciocínio no cérebro dos que não possuem luz para os olhos está renovando e aumentando a sua própria luz espiritual!"

Marechal Antonio José Maria Pêgo Junior

(Militares no Além)

COMANDO

"Dirigir as células do corpo ou articular em ordem as nossas emoções para que a mente seja honrada em seu posto de chefia é mais difícil que presidir um exército humano, constituído de soldados indisciplinados ou intransigentes."

Belarmino Mendonça

(Militares com Jesus)

COMPROMISSOS

"Esperamos, porém, que vocês prossigam na execução dos compromissos abençoados para com a nossa Doutrina e para com a mediunidade, que é a enxada da luz colocada por nosso Senhor em nossas mãos, para que saibamos plantar a ventura eterna no chão do mundo terreno."

Sabino
(Registros imortais)

CONCÓRDIA

"A concórdia depois da incompreensão é mais bela que a paz celeste após a borrasca forte."

Antoninho
(Militares com Jesus)

CONDUTA

"Se em todos os nossos dias for bela a nossa conduta, nossa alma, sempre impoluta, segue estradas luzidias. Porém, se nossa existência foi sempre um mar de impurezas, encontraremos tristezas nas dores das consciência. O mal à dor nos conduz, o bem exprime alegria, um é a noite, outro, o dia, aquele é treva, este é luz."

João de Deus
(Lições para Angelita)

CONQUISTAS

"A cada um dos que te cercam o coração bondoso e amigo no lar oferece o patrimônio de tuas abençoadas conquistas."

Quininha
(Luz na Escola – Chico Xavier na Escola Jesus Cristo de Campos | RJ)

CONSCIÊNCIA

"Meu algoz é minha própria consciência. Debalde, procuro obscurecê-la. Debalde, tapo os ouvidos para não lhe ouvir os gritos reiterados: "Caim, Caim, o que fizeste de teu irmão?" Debalde, oculto de mim mesmo a minha grande desventura. Toda a paz se esvai como num sonho... Minh'alma perambula nos vales enevoados e frios da fazenda de Ponta Grossa."

Gustavo Dutra

(Depois da travessia)

"Há necessidade de que se organize uma consciência espírita, na base da filosofia simples do Evangelho, apta a orientar os sentimentos coletivos num sentido de direção, dentro dos sagrados objetivos da paz e da fraternidade. É em virtude da ausência dessas diretrizes que muitas obras de benemerência social, filhas do esforço e da abnegação dos espiritistas, se têm perdido no confusionismo da época."

Emmanuel

(Deus conosco)

CORAÇÃO

"Ouve o teu coração em cada prece. Deus responde em ti mesmo e te esclarece com a força eterna da consolação."

Auta de Souza

(Luz na Escola – Chico Xavier na Escola Jesus Cristo de Campos | RJ)

"O coração ama e consagra-se, auxilia com júbilo e renuncia voluntariamente, mas a justiça cumpre-se invariável, até que esse amor que nos une uns aos outros, purificado em

Jesus Cristo, nos proporcione a esperança de paz e fraternidade sem fim."

Marechal Antonio José Maria Pêgo Junior
(Militares no Além)

CORPO

"A máquina física é o templo sublime em que somos chamados à escola da redenção. Nele possuímos a harpa da vida, em cujas cordas podemos desferir a melodia do trabalho e do sacrifício, da abnegação e do amor, preparando o acesso de nosso espírito à exaltação da imortalidade."

Emmanuel
(Deus conosco | Pérolas de sabedoria)

"Às vezes, é necessário que o operário tenha maiores doses de paciência com a máquina. O corpo é essa máquina, enquanto que nós somos os operários do progresso. Não convém forçar-lhe as peças ou violentar-lhe os ligamentos para a produção apressada. Em todas as experiências, temos necessidade do serviço de refazimento."

Amélia Amorim
(Depois da travessia)

CRIANÇAS

"As crianças são flores delicadas que requerem cuidados e desvelos. Anjos puros de amor, risonhos, belos, açucenas de luz dessas estradas."

Espírito não identificado
(Chico Xavier – A aurora de uma vida entre o Céu e a Terra)

CRISTIANISMO

"Na atualidade, como noutro tempo, não basta a cultura da inteligência só por si, embora reconheçamos a importância inestimável da escola. Precisamos, sobretudo, daquela educação renovadora e santificante que somente o Cristianismo puro e sincero pode outorgar, de vez que a compreensão de cada homem resulta na felicidade de todos. Combatamos, assim, as trevas mentais que ainda senhoreiam a Terra para que todos sejamos ricos de amor no aproveitamento da oportunidade de trabalho e redenção que nos é concedida no espaço e no tempo pela Sabedoria Celestial."

Emmanuel
(Deus conosco)

CRISTO

"Guarda a lâmpada de Cristo entre as sombras e escarcéus, e hás de ter em teu caminho as luzes da Luz dos céus!"

Casimiro Cunha
(Luz na Escola – Chico Xavier na Escola Jesus Cristo de Campos | RJ)

"É por essa razão que nenhum outro fenômeno existe mais formoso e profundo que a localização do Cristo na história planetária e nenhuma outra mensagem existe mais real que o seu Evangelho, endereçado ao espírito coletivo das nações, dos povos e dos agrupamentos familiares da vida terrestre. A essência do Evangelho é a essência da vida imortal. Sua substância é a da edificação perfeita do homem para o Criador."

Adelino Lemos
(Luz na Escola – Chico Xavier na Escola Jesus Cristo de Campos | RJ)

"Transitai no mundo como servidores do Cristo, a quem vos entregais cada noite depois do labor de cada dia, e vencereis!"

Anna Nery

(Militares no Além)

"O Cristo, ainda e sempre, é o arquiteto da nova Terra e usando povos e civilizações está construindo o reino do céu para a suprema felicidade humana. Nesse sentido, somos – cada qual de nós – o tijolo vivo para a divina edificação. Purifiquemos o vaso íntimo, convertendo a nossa vida em instrumentalidade de seus desígnios superiores, alijando de nosso espírito tudo o que constitua densidade das zonas mais baixas da vida e estaremos realmente preparados para colaborar no erguimento do mundo novo."

Emmanuel

(Deus conosco)

"O próprio Cristo de Deus – o anjo sem mácula – precisou da manjedoura para abordar a Terra e precisou da cruz para morrer, a fim de fazer-se compreendido."

André Luiz

(Registros imortais)

CRÍTICA

"Não se incomode se a crítica pode atingi-lo. O que os outros pensam de nós é assunto deles e não nosso."

Luiza Xavier

(Depois da travessia)

CULPA

"Infelizes todos aqueles que trazem, cravado no coração, o espinho da culpa! Por mais procurem entorpecer a consciência no ruído das festividades mundanas mais se lhes afunda no peito o grilhão do remorso, e por mais se elevem às culminâncias da galeria social mais se sentem amesquinhados no íntimo de si mesmos."

A. P.

(Registros imortais)

CULTO DOMÉSTICO DO EVANGELHO

"O lar onde a Boa Nova do Cristo persiste por lâmpada acesa no convívio habitual é uma estação emissora de raios vitalizantes e renovadores, em todas as direções. Natural que os primeiros beneficiários desse tesouro sejam os componentes do grupo familiar."

Neio Lúcio

(Colheita do bem)

"O culto doméstico da Bíblia é das forças mais poderosas, primeiramente para o coração, em seguida para o lar. O comentário de semelhante leitura é como se fora ato de compreensão da luz espiritual, de acordo com a posição de cada um. É verdadeira alimentação da alma, porque tal qual acontece na mesa comum não é bastante servir-se, é preciso servir-se bem, mantendo a saúde, com todos os requisitos necessários à nutrição sadia. É indispensável penetrar os textos, alcançar-lhes o sentido essencial, de outro modo poderemos assistir a muitos espetáculos, mas nunca passaremos do banco estacionário dos assistentes."

Neio Lúcio
(Sementeira de luz)

"O culto familiar é uma praia de sublime repouso e de santo alimento. O ensinamento sagrado transforma-se em companhia incessante, é luz de cada minuto a esclarecer os problemas obscuros da Terra e a revelar os caminhos necessários."

Neio Lúcio
(Sementeira de luz | Pérolas de sabedoria)

Convite de lançamento do livro *Militares no Além*, realizado na Casa de Chico Xavier de Pedro Leopoldo, Minas Gerais, no dia 2 de abril de 2008, e durante o I Encontro Nacional dos Amigos de Chico Xavier e sua Obra, em Uberaba, no dia 20 de abril do mesmo ano

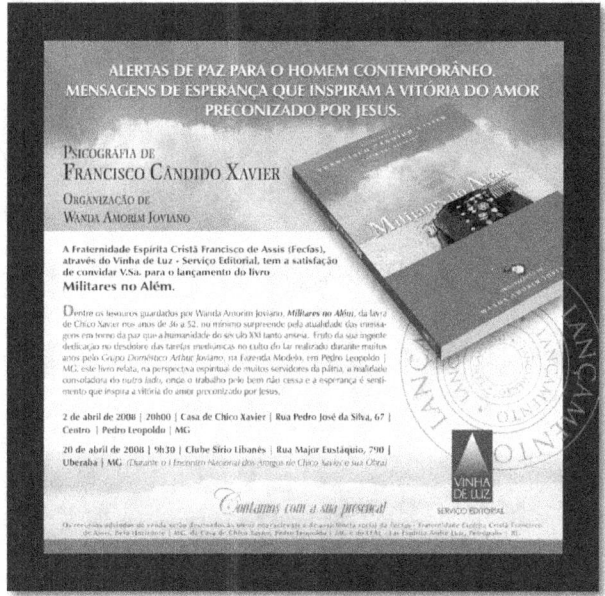

Joyce Lemos, Etel Pires e Geraldo Lemos Neto na sala principal da Casa de Chico Xavier, no dia de sua inauguração, em 2 de abril de 2006

DAR

"Dar significa mais que receber e sacrificarmo-nos é uma glória mais alta que a da vitória."

Francisco Antonio de Moura
(Militares no Além)

"Dai sempre tudo o que possuirdes de bom. O Senhor multiplicará as bênçãos. Forneçamos o mínimo. Ele conferir-nos-á o máximo. Trabalhemos, pois, sempre cheios de otimismo e confiança no Divino Poder."

Emmanuel
(Deus conosco)

DELINQUÊNCIA

"É por isso que em me comunicando convosco trago-vos o fel da minha lição, solicitando a vossa prece em meu benefício e rematando as minhas palavras com um apelo a todos aqueles que se sentem fascinados pelo demônio do ouro, para que recuem no caminho da delinquência, para que não se atrevam à apropriação indébita, porque a vida continua como vida além da morte, de nada valendo para nós a fuga dos tribunais humanos, de vez que todos caímos, quando culpados, nas engrenagens da Justiça Perfeita, que nos cobra, em favor de nossa própria felicidade, o pagamento de nossas dívidas, palmo a palmo e vintém a vintém."

A. P.
(Registros imortais)

DESÂNIMO

"Não dê guarida ao desânimo, não esmoreça e não se perturbe. E veremos que a bondade do Senhor acena docemente para nós em todos os dias, encaminhando-nos para o entendimento superior e para a indiscutível felicidade."

Neio Lúcio
(Colheita do bem)

DESENVOLVIMENTO ESPIRITUAL

"Desenvolvimento espiritual é compreensão da vida, no desdobrar de todas as lições, desde as grandiosas até as pequeninas. Quando a criatura consegue a menor fase dessa realização, o espírito de serviço é o seu guia e conselheiro permanente, porque, então, meus filhos, chegamos a compreender que na Terra só possuímos de exclusivamente nosso a alma, e o mais constitui patrimônio de oportunidades que a Providência Divina nos concedeu em confiança para nosso uso e utilidade, e para uso e utilidade do próximo, quando este próximo está em condições de receber alguma coisa desse patrimônio, do qual não passamos de usufrutuários."

Neio Lúcio
(Sementeira de luz)

DESPERDÍCIO

"Tanto serviço se desdobra diante de nossos olhos espirituais! Tanto conhecimento a desperdiçar-se através da conversação sem proveito ou da atividade incompatível com os votos por nós mesmos esposados, quando, na oração de cada dia, prometemos fidelidade ao Senhor e auxílio aos homens, nossos irmãos!..."

Efigênio

(Registros imortais)

DESVIOS

"Quando damos curso à mentira, temos de cair nos seus laços; quando violamos o bem alheio, pagamos, na consciência, um preço terrível e doloroso. Quando erramos, somos compelidos, às vezes, a angustiosas retificações. Se desperdiçamos o tempo, temos de reconstruir com asfixiante amargura. Esses são os preços da Terra para os nossos desvios da amizade a Jesus."

Des Touches

(Luz na Escola – Chico Xavier na Escola Jesus Cristo de Campos | RJ)

DEUS

"Deus é bom! Amemo-Lo, pois, intensamente, e jamais esqueçamos que devemos buscá-Lo pelo trabalho e pela prática do bem."

Espírito não identificado

(Chico Xavier – A aurora de uma vida entre o Céu e a Terra)

"Deus é o Pai de todos. Todos os seres são irmãos. Não mais o ódio e a separação, mas o ideal de unir para que a substância do Cristo viva perene em todos nós. As verdades celestiais, de alguma sorte, se deslocam dos templos de pedra e do círculo particular do sacerdócio. São aqueles que partiram do mundo, os que já se despiram do envoltório material, que regressam alvoroçados de alegria das regiões da morte e cooperam com todos os irmãos de boa vontade e exclamam num só júbilo: 'Deus existe! Não morremos jamais!'"

Emmanuel
(Luz na Escola – Chico Xavier na Escola Jesus Cristo de Campos | RJ)

"Todas as edificações grandiosas do mundo pertencem a Deus e, apesar disso, somente os nomes transitórios dos homens falíveis surgem na publicidade de cada dia, quando todas as boas dádivas representam uma real dispensação dos céus."

Maria de São João de Deus
(Luz na Escola – Chico Xavier na Escola Jesus Cristo de Campos | RJ)

"Dois milênios são como dois meses e mais do que nunca entendemos a afirmativa de Jesus de que Deus é Deus de vivos e não de mortos. Esta, meus filhos, é a razão de nosso dever procurando o Espiritismo para viver e com os vivos, porque não há espíritos mortos."

Emmanuel
(Deus conosco)

"Tudo na vida pertence a Deus, sob a jurisdição de nosso divino Mestre. Nada possuímos senão a oportunidade que a Misericórdia Celestial nos confere, a fim de que possamos burilar nosso espírito para a comunhão com a divina luz."

Amintas Soares
(Registros imortais)

DEVER

"O dever cumprido é, invariavelmente, um campo de surpresas celestes. No trabalho encontramos as dádivas mais sublimes e, à força de persistirmos, acabamos por adquirir as luzes que o Alto nos empresta. O ministério de Jesus pode ser comparado ao serviço de uma potência, de cujos recursos recebemos dons inefáveis por arrendamento nas operações da graça. Se bem soubermos aplicá-los, ao término da ação passam a pertencer-nos em definitivo por doação do Governo Superior."

Neio Lúcio
(Sementeira de paz)

"Desempenhe seus deveres atendendo à vontade de Deus e o Pai não esquecerá de atender à sua vontade nos momentos justos."

Antoninho
(Militares com Jesus)

DIA

"Cada dia é um núcleo de revelações incessantes e com o dia ensejos mil de ajudar e fazer, estudar e servir aparecem a benefício do nosso crescimento espiritual para a vida eterna. Não temamos o que passou nem aquilo que está por vir."

Neio Lúcio
(Colheita do bem)

DIFICULDADES

"Todas as dificuldades passam. Ouça os companheiros com os ouvidos vigilantes, não ceda aos primeiros impulsos em qualquer providência que vise modificações nos regimes estabelecidos e, embora alegre e otimista, comunicativo e fraternal, como deve ser em suas relações de cada dia, busque ouvir sempre mais, pensar muito e opinar em poucas situações. Essa posição criará simpatias novas e edificantes para o seu esforço."

Neio Lúcio
(Sementeira de paz)

DINHEIRO

"O dinheiro excessivo só não representa posição de ruína quando a alma permanece a postos no trabalho, em qualquer clima, sabendo movê-lo e administrá-lo para o bem comum. Fora disso toda espécie de dissabores poderá ser encontrada nessa zona de flores espinhosas e de pedras em forma de pães. Jesus nos favoreça."

Neio Lúcio
(Sementeira de paz)

DISCIPLINA

"Cada coisa em lugar próprio e tudo a seu tempo constituem programa de quem se organiza para o bem."

Emmanuel
(Iluminuras)

DISCÍPULOS

"Que todos os discípulos do Mestre saibam apreciar o valor da renúncia, do amor, da humildade e do sacrifício e, sobretudo, que estudem aquela necessidade premente dos tempos atuais de reforma, não do exterior, mas dos corações, do íntimo, a fim de que as instituições terrenas sejam, de fato, renovadas. Integrem os nossos irmãos a bendita oficina do serviço espírita-cristão, onde os operários esforçados saibam guardar o patrimônio sagrado dos sentimentos mais puros, dentro dos ambientes doutrinários."

Emmanuel
(Deus conosco)

DIVINAS VIRTUDES

"Seja a fé a nossa lâmpada. Seja a esperança o óleo que nos sustente a claridade de cada dia. E seja a caridade a nossa manifestação incessante através da marcha, porque as três divinas virtudes são as filhas diletas do amor que Jesus nos legou."

Emmanuel
(Deus conosco | Iluminuras | Pérolas de sabedoria)

DOAR

"Guarde sempre o seu espírito de bom ânimo, de compreensão e nobreza perante o mundo. Nossa missão é a de doar a vida, o equilíbrio e a claridade em nome de Deus!"

Amélia Amorim
(Depois da travessia)

DOENÇA

"Quem se entregue à doença naturalmente residirá com ela nos apartamentos do corpo. Mas quem lhe compreenda as funções educativas ou transformadoras sabe perfeitamente do seu caráter transitório e não lhe permite expansões na zona da alma."

Neio Lúcio
(Sementeira de luz)

DOR

"Para nós, hoje, a dor é um aviso santificado, o sofrimento é estímulo, a dificuldade é um desafio benéfico, a vida é uma continuada revelação de belezas imortais, porquanto o nosso dia está repleto de trabalho e luz, edificação e esperança."

Neio Lúcio
(Sementeira de luz)

"Irmãos, recebamos a dor com a resignação dos mártires, pois ela é o orvalho bendito que, rociando os espíritos, torna-os quais flores viçosas e perfumadas. Ela é a mensageira da luz. Aceitemo-la, pois, genuflexos, com os olhos fitos no céu e o coração cheio de fé. Recebamo-la tranquilos, exultando de alegria, porque ela é a escada luminosa que o Soberano do Amor estende aos nossos pobres espíritos – náufragos da Terra – para que subamos às moradas felizes, onde só impera o amor! Recebamo-la cônscios de que ela é a chuva de bênçãos dulcificantes do Senhor do Universo. Exultemos, pois!"

Espírito não identificado
(Chico Xavier – A aurora de uma vida entre o Céu e a Terra)

"Bendita seja a dor, o pranto, as amarguras, a lágrima, o

sacrifício, as grandes desventuras, pois foram neste mundo as flores de Jesus."

Chico Xavier
(Chico Xavier – O primeiro livro)

"Suporta calmo a dor que padeceres, convicto de que até dos sofrimentos, no desempenho austero dos deveres, mana o sol que clareia os pensamentos; tolera sempre as mágoas que sofreres em teus dias tristonhos e nevoentos."

Chico Xavier
(Chico Xavier – O primeiro livro)

"A dor é a única certeza do progresso nas leis da natureza. E para a qual todos os seres volvem. É o caminho das penas resgatadas, o dealbar de grandiosas alvoradas, onde a luz e o saber se desenvolvem."

Augusto dos Anjos
(Chico Xavier – O primeiro livro)

"Considera que todos os acontecimentos de dor na existência humana são regidos por forças divinas que objetivam o aprimoramento do ser nas provações acerbas, mas redentoras."

Júlia Pêgo de Amorim
(Depois da travessia)

DOUTRINA

"A Doutrina, pois, é reforma individual com o Cristo, é realização interna do homem, é a extinção das fantasias dos sentidos frágeis para que o homem compreenda a si próprio, compreendendo, solucionando as suas necessidades de luz e de redenção."

Adelino Lemos

(Luz na Escola – Chico Xavier na Escola Jesus Cristo de Campos | RJ)

"A Doutrina precisa de obreiros e de colaboradores devotados e nunca como agora houve tanta necessidade da iniciativa própria em favor do progresso geral."

Emmanuel

(Deus conosco)

"Continuem na crença que hoje lhes felicita o íntimo. Trabalhem muito nessa caridade que é ensinada pelos mensageiros divinos, que batem à porta do coração dos que professam essa Doutrina tão formosa e tão consoladora, e nunca se arrependerão de haver seguido esses passos luminosos."

Pêgo Junior

(Militares com Jesus)

"O grande codificador de nossos princípios carreou para a Terra este código abençoado que denominamos Doutrina Espírita para que Jesus fosse realmente revelado à humanidade terrestre. Chamados, pois, a cooperar, desde os planos mais simples aos mais complexos na exaltação do bem, guardemos consciência de nossas responsabilidades, glorificando no Espiritismo a doutrina de amor e de luz que opere no mundo a nossa consagração a Deus."

Barros Fournier

(Registros imortais)

"Estejamos, assim, convictos quanto ao imperativo da sublimação individual diante da Doutrina que nos felicita, para que possamos servir ao progresso da humanidade e para que a humanidade de amanhã possa abençoar o nosso trabalho de hoje, como hoje estamos agradecendo e exalçando o serviço inolvidável do grande apóstolo de ontem, sempre vivo em nossos corações."

Barros Fournier
(Registros imortais)

"A nossa Doutrina não é um santuário simplesmente para o êxtase da adoração, porque somos todos convocados a duro trabalho de extinção das nossas próprias dívidas perante o passado, erguendo no imo da própria vida o recinto sagrado para a comunhão com Deus."

Barros Fournier
(Registros imortais)

"A nossa Doutrina não é, em suma, um círculo religioso como tantos outros, elegendo, na segregação e na discórdia, a sua capacidade de sobreviver, porquanto o Espiritismo nos acorda para abraçar a humanidade inteira, estendendo os dons do Senhor a todas as criaturas, de maneira a entrosar-nos com a Justiça Divina, que manda conferir a cada um de nós segundo as próprias obras, e a familiarizar-nos com o amor como sistema de vida em nossas relações uns com os outros. Porque só o amor é suficientemente grande para revelar-nos cada criatura no degrau evolutivo que lhe é próprio, ajustando-nos, a fim de que nossa fé não se converta para os outros em exigência asfixiante."

Barros Fournier
(Registros imortais)

Amigos do Grupo Espírita Emmanuel (GEEM), de São Bernardo do Campo, São Paulo, e da Federação Espírita do Estado de Goiás (Feego) no lançamento do livro "Mensagens de Inês de Castro", psicografado por Chico Xavier e organizado por Caio Ramacciotti, na Casa de Chico Xavier, em 22 de outubro de 2006

EDIFICAÇÃO

"Enquanto as inquietações religiosas e políticas do século formam, a cada dia, novas correntes de pensamento e novas teorias sociais, de consequências imprevisíveis para a existência organizada dos povos terrestres, os discípulos humildes de Jesus trabalham com devotamento e amor pela edificação do homem espiritual para que este se dignifique, se eleve, se redima, se ilumine e salve com o Evangelho, socorrendo o homem físico mergulhado na sombra de conhecimentos que se tornaram mesquinhos e perversos na movimentação de todos os processos de morticínio e de destruição."

Emmanuel

(Luz na Escola – Chico Xavier na Escola Jesus Cristo de Campos | RJ)

EDUCAÇÃO

"A batalha silenciosa dos princípios evolutivos na vida comum é de todos os tempos e condiz com a nossa própria evolução para a vida mais alta! Urge, porém, não desanimar."

Antoninho
(Militares com Jesus)

EGOÍSMO

"O egoísmo e o orgulho são os maiores inimigos da ventura da nossa alma. São portadores de infelicidade. Por esse motivo é que Jesus sempre exemplificava a humildade, o bem e o perdão para que víssemos que somente nos jardins da virtude poderemos colher as flores radiosas da alegria perfeita."

Espírito não identificado
(Chico Xavier – A aurora de uma vida entre o Céu e a Terra)

ENFERMIDADE

"Como é triste acompanhar uma enfermidade sem o poder de curá-la. E como são ditosos os homens obscuros, que aprenderam no anonimato a ciência sublime da resignação!"

Marechal Feliciano Mendes de Moraes
(Militares no Além)

"A enfermidade não é um inimigo. É um instrutor que, enviado pelo céu a todos os destinos terrestres, nos revela grandes regiões de nossa própria alma, através da meditação obrigatória e do forçado repouso."

Antonio José Maria Pêgo Junior
(Militares no Além)

ENSINAR

"Saibamos, pois, ensinar com a bênção do Cristo em nós, porque todos os espíritos desencarnados ou encarnados que nos rodeiam ouvem-nos a voz e acompanham-nos o passo."

André Luiz
(Registros imortais)

ESPERANÇA

"A esperança, em todo dia, concede-nos a coragem de transpormos a voragem da nossa estrada sombria."

João de Deus
(Lições para Angelita)

"Todos no mundo esperam algo, mas sem alegria na esperança muitos se transviam. Todos sofrem algo, mas sem paciência na dor muitos se desesperam. Todos desejam algo, mas sem persistência na oração muitos se desanimam."

Ozias
(Registros imortais)

ESPÍRITAS

"Espíritas! Sejamos soldados humildes no exército daqueles que assim perseveram! Avante em demanda da perfeição! Jesus é o divino Modelo. Sigamo-lo sem fraquezas, sem tergiversações, e o nosso futuro será aureolado de eterna luz."

Espírito não identificado
(Chico Xavier – A aurora de uma vida entre o Céu e a Terra)

ESPIRITISMO

"'Fora da caridade não há salvação' – eis o augusto frontispício desta grandiosa doutrina que é o Espiritismo e que será futuramente a filosofia universal. E o será porque a sua base indestrutível apoia-se sobre essa virtude deificada, a maior de todas as virtudes! Será a mais sublime das religiões, porque é fundada sobre os ensinamentos do Cristo, interpretados fielmente pelos mensageiros da verdade, que são os espíritos do Senhor!"

Espírito não identificado

(Chico Xavier – A aurora de uma vida entre o Céu e a Terra)

"Ao Espiritismo, pois, cabe um papel proeminente na civilização contemporânea. Fazendo ressurgir o Evangelho de Jesus em toda a sua pureza primitiva, fundindo a fé e a ciência numa mesma elevada e santa aspiração, ele fraternizará os homens, os lares e os povos, unindo-os nos mesmos desejos sãos e altruísticos para a excelsa conquista do perfeito, na divina ascensão para Deus."

Espírito não identificado

(Chico Xavier – A aurora de uma vida entre o Céu e a Terra)

"Em nossa tarefa de Espiritismo, nunca poderemos esquecer que a nossa missão é a de restaurar os valores da crença pura."

Nina Arueira

(Luz na Escola – Chico Xavier na Escola Jesus Cristo de Campos | RJ)

"Entre os vossos labores de cada dia, lembrai-vos deste mundo em que vivemos e que não conheceis. Se muitos daqueles que buscam a realização do impossível dentro das futilidades voltassem as suas vistas para a espiritualidade, grandes feitos haveríeis de presenciar, mesmo em vossos dias. Infelizmente, porém, a maioria dos que aportam no Espiritismo chega com o anseio do maravilhoso e esquece de que antes de querer é preciso merecer e sem a perseverança e o raciocínio necessários se abalançam a experiência cujo resultado é o fracasso mais fragoroso e cruel."

João de Deus Macário
(Deus conosco | Depois da travessia)

"Alguns pensadores opinam pela doutrina da não-violência, mas, considerando-se a necessidade da ação regeneradora, apelamos para a atitude desassombrada de todos os batalhadores, dentro da suprema resistência. E essa resistência calma e ativa, no setor do Espiritismo, deverá traduzir-se em movimentos renovadores, em luta contra a cristalização dos princípios regeneradores, a fim de que se verifique a sua aplicação plena à vida social, em combate contra o analfabetismo, contra o espírito sectário e separativista, e em estudos, enfim, que objetivem o benefício e o esclarecimento de todos. Nessa hora, porém, são necessárias, acima de tudo, as armas da fraternidade e da tolerância. Vemos, pois, com carinho, essa iniciativa que se forma na mente dos bons trabalhadores da seara cristã, concitando-os à realização desses labores fecundos."

Emmanuel
(Deus conosco)

"O Espiritismo necessita da multiplicação de suas atividades junto de todos os núcleos das atividades humanas e, no Brasil, onde a semeadura evangélica é das mais abundantes e das mais promissoras, é preciso que se afine a mente geral dos profundos princípios da lógica e da moral cristã, sendo aconselhável que todos os elementos da doutrina se unifiquem, em uma larga iniciativa de educação geral na codificação dos ensinamentos revelados, sem discussões esterilizadoras e sem exclusivismos dissolventes."

Emmanuel
(Deus conosco)

"É preciso não olvidar que todos nós encontramos no Espiritismo a possibilidade da grande iniciação para a Vida Maior, iniciação que pode ser sintetizada com o primeiro mandamento da lei, "Amarás o Senhor teu Deus de todo o teu coração e de todo o teu entendimento", a desdobrar-se no ensinamento vivido de nosso Senhor Jesus Cristo: "Amai-vos uns aos outros como eu vos amei.""

Barros Fournier
(Registros imortais)

ESTADOS ORGÂNICOS

"Todos os estados orgânicos, melhores ou piores, sob o ponto de vista terrestre, se desfazem com o tempo. A nossa atitude dentro da vida é a nota fundamental! O dia é uma festa de claridade para o trabalho, mas a sombra é um caminho para a meditação, a fim de retomarmos o dia com o êxito desejável. A moléstia, qualquer que seja, é sempre uma sombra. Entretanto, (...) mesmo aí possuímos recursos mil de aproveitamento! Um trabalhador de sua classe não pode confiar-se ao esmorecimento. No imo de nossa mente há um comando vital que não devemos desobedecer. Nossos papéis na Terra exteriorizam-lhe a força. Em todos os setores, somos projeções de nós mesmos, de nossa imortalidade e eternidade, no espaço e no tempo."

Marechal Antonio José Maria Pêgo Junior
(Militares no Além)

ESTAR COM JESUS

"Que o Mestre nos conceda sempre a faculdade de sentir com os seus sentimentos, apreciar com o seu juízo e operar com as suas mãos."

Emmanuel
(Iluminuras)

ESTRADA

"Sê paciente e bondosa, humilde, resignada, e na vida a tua estrada será sempre esplendorosa!"

João de Deus
(Lições para Angelita)

ESTUDO DOMÉSTICO

"Orar, edificando o pensamento, no círculo das ideias sagradas, é tarefa de valor inexprimível nas palavras terrestres. Desse modo, prossigamos no estudo doméstico das leis espirituais. Conhecendo-as, estaremos traçando mais valioso conhecimento de nós mesmos e servindo a outrem. Seja recebendo noções mais altas, seja veiculando-as no ambiente de nossa vida, crescemos no serviço da vontade de Deus, encaminhando-nos para a felicidade suprema."

Neio Lúcio
(Sementeira de luz)

EVANGELHO

"O lar que procura o Evangelho é procurado pela Lei do Senhor. A casa que se consagra à luz do Mestre é por ela iluminada, onde quer que se encontre. Erguem-se paredes sólidas e ornamentadas, mas onde os corações se erguerem para Jesus vive um santuário de imensas dimensões, com a segurança da eternidade e com os adornos mais expressivos da vida."

Neio Lúcio

(Colheita do bem)

"Cada dia no Evangelho é um novo marco na edificação de nossas almas para a vida eterna. Gastamos muitas experiências e perdemos muito tempo para descobrir semelhante tesouro de valores espirituais. Muitas dores vencidas, muitas lágrimas derramadas, muitas sombras desfeitas constituem o panorama que ficou para trás, com a ajuda do Altíssimo."

Neio Lúcio

(Sementeira de luz)

"Há ocasiões em que o emissário do Evangelho terá de pisar o solo áspero dos campos empedrados para lançar a sagrada semeadura dos princípios cristãos, sem palavras literalmente evangelizadoras. É a zona de luta mais forte, quase cruel."

Neio Lúcio

(Sementeira de paz)

EVOLUÇÃO

"Tudo na vida marcha aos altos cimos. Mundos, astros e sóis, almas e flores, todos nós no Universo evoluímos da perfeição buscando os resplendores."

Chico Xavier

(Chico Xavier – O primeiro livro)

EXÉRCITO

"O Exército é também uma instituição de fundamentos divinos. Por vezes, o soldado ensarilha as armas no chão do mundo para aprender a rezar fora do corpo físico. Entretanto, os valores da disciplina construtiva não se perdem nunca!"

Roberto Ferreira
(Militares no Além)

EXISTÊNCIA

"A existência terrestre é também uma viagem, com certas estações de parada ou de repouso. De vez em quando, encontram-se os corações afins no meio dos caminhos, mas as provas, as lutas, as circunstâncias, os imperativos familiares são o roteiro sagrado de cada um e temos de atender aos labores de purificação, enquanto perdura a nossa romagem por essas estradas, longas e ásperas."

Neio Lúcio
(Sementeira de luz)

"A existência não vale pela tabela dos anos que o corpo suportou no clima planetário, vale pelos serviços feitos no domínio da edificação íntima para a vida eterna."

Neio Lúcio
(Sementeira de luz)

"Pelas sendas do existir, em nosso ser [a virtude] se traduz pelas sementes da luz que buscamos espargir."

João de Deus
(Lições para Angelita)

"Valemo-nos da existência para melhorar a senda do presente e do futuro, não somente para os nossos pés, mas também para quantos caminham ao nosso lado. A ciência mais bela do discípulo de Jesus é justamente esta – afeiçoar-se-lhe aos ensinos, de alma e coração, insculpindo a luta de cada dia pelos moldes das lições abençoadas e inesquecíveis do Mestre. Aprendamos com ele a evevar o coração, elevando os que nos cercam."

Neio Lúcio

(Sementeira de paz)

"A existência humana, no fundo, é uma viagem da alma no carro do corpo. O peregrino precisa aproveitar a oportunidade em lições de auxílio mútuo e em ensinamentos que a região exterior lhe oferece para que não se arrisque a parar longos dias em pousos que lhe não interessam os objetivos finais da chegada."

Neio Lúcio

(Sementeira de paz)

"A existência terrena, pontilhada de sofrimentos, já se nos afigura qual uma noite tempestuosa, precedendo uma alvorada sublime de séculos de claridades esplendorosas. E dentro dessa noite, com a nossa fé esclarecida, marchamos corajosamente, olhos fitos no céu e o pensamento fixo em Deus, porque a razão soberana nos explica que a morte não existe, que a vida palpita em toda a parte, que é a dor a chave das portas da felicidade imorredoura, que a treva é apenas a ausência da luz e que só esta é imperecível."

Espírito não identificado

(Chico Xavier – A aurora de uma vida entre o Céu e a Terra)

Geraldo Lemos Neto apresentando o livro *Pérolas de sabedoria* no II Encontro Nacional dos Amigos de Chico Xavier e sua Obra, nos dias 18 e 19 de abril de 2009, em Pedro Leopoldo, Minas Gerais. Abaixo, Geraldo entre Cezar Carneiro de Souza e Braz José Marques, organizadores dos livros *Iluminuras* e *Pérolas de sabedoria*, respectivamente. Na ocasião, foi lançado também o livro *Chiquito*, da autora portuguesa Julieta Marques

Geraldo Lemos Neto na Casa de Chico Xavier com
Noêmia Barbosa da Silva, a Nona, em 22 de outubro de 2006

FAMÍLIA

"O parente desatinado e o companheiro ensandecido constituem bagagem de teus próprios compromissos na tarefa redentora. Longe de serem fardos desagradáveis, são ferramentas benditas que te limam a alma e oportunidades preciosas para que as tuas virtudes se manifestem."

Emmanuel
(Deus conosco | Pérolas de sabedoria)

"A tarefa em família é um trabalho de Deus. O aconchego do lar é uma bênção divina. Para conseguimos isso, milhares de anos lutamos e sofremos, em esforço coletivo."

Neio Lúcio
(Sementeira de luz)

"O pai é o sacerdote do lar. A mãe é o altar sublime. Quando se consagram a Deus, as bênçãos dos céus enriquecem o mundo familiar. Continuemos guardando essa posição no caminho edificante da luta."

Neio Lúcio
(Sementeira de luz | Pérolas de sabedoria)

"A família terrena é um instituto de purificação e se alguns filhos representam a realização de todo o desejo dos pais, há outros que fogem a essa regra, mesmo porque o mundo é de provações e tudo será solucionado na pauta da Misericórdia Divina."

Engrácia Ferreira
(Depois da travessia)

"Sabemos que, em Espiritismo, a nossa família é a humanidade. Nós todos somos irmãos uns dos outros, com a bênção de nosso Pai Celestial, entretanto, sabemos também que no caminho de nossa purificação tantas vezes somos pais, tantas vezes somos filhos."

Sabino
(Registros imortais)

FÉ

"Com a bússola da fé, o homem, viajante do planeta, descobre cada dia continentes novos, onde retempera o sentimento e robustece a inteligência. Ai, porém, daqueles que viajam sem rumo! A presunção é-lhes a companheira infiel de todos os minutos, o orgulho, a sua veste, o egoísmo, a sua crosta impenetrável! Não sabem ver, nem ouvir e os seus movimentos são impulsos para a morte. A fé constitui a maior luz para o cérebro e a maior bênção para o coração."

Neio Lúcio
(Sementeira de luz)

"Toda esperança da fé que vive com a caridade é realizada no mundo da eterna felicidade."

Casimiro Cunha
(Chico Xavier – O primeiro livro)

"A ciência sincera é grande e augusta, mas só a fé, na estrada eterna e justa, tem a chave do Céu, vencendo o abismo!"

Augusto dos Anjos
(Luz na Escola – Chico Xavier na Escola Jesus Cristo de Campos | RJ)

FINADOS

"Dobram sinos a finados, com mágoa e desolação, porque não sabem que a morte é a nossa libertação."

Casimiro Cunha
(Chico Xavier – O primeiro livro)

FLAGELOS

"Abatimento moral, desespero do coração, intemperança na alma – três flagelos que tentam as criaturas humanas cada dia em sua peregrinação para a eternidade."

Ozias
(Registros imortais)

FLORES

"Bendita seja a dor, o pranto, as amarguras, a lágrima, o sacrifício, as grandes desventuras, pois foram neste mundo as flores de Jesus!"

Espírito não identificado
(Chico Xavier – A aurora de uma vida entre o Céu e a Terra)

"Cultivem essas flores do jardim da fé, orvalhem-nas com o suor do trabalho e com as lágrimas de reconhecimento, e, mais tarde, vocês reconhecerão a sublimidade do mistério espiritual e observarão como é enorme a ventura de quem sabe semear no coração os princípios do Cristo!"

Helena Maia
(Depois da travessia)

FORÇAS CURATIVAS

"Alivia sempre os tristes, os enfermos e os infelizes, mobilizando as tuas forças curativas, consciente de que não estás dando aquilo que constitui parte integrante de tua personalidade, mas convicto dos instrumentos das forças generosas e curadoras do mundo invisível, as quais transmitem, por seu intermédio, os mais benéficos elementos da terapêutica espiritual."

Emmanuel
(Iluminuras | Pérolas de sabedoria)

FORÇAS

"Conduzir e administrar, comandar e orientar, sobretudo, constituem forças de auxílio e educação, amparo e aprimoramento. A existência num só corpo é excessivamente curta para satisfazermos à plataforma assim tão vasta. Prosseguiremos, pois, agindo sempre para alcançar nossos altos objetivos. Guarde a convicção de que a enfermidade ou a readaptação da experiência corpórea é serviço comum a todos, mas a atitude firme e nobre dentro dele é obra de poucos! Não abrigue receio em seu coração. Tudo é bom na jornada para Deus. Cada setor da luta apresenta proveito diverso e, atento a esse critério, a tranquilidade lhe povoará o íntimo com admirável segurança."

Marechal Antonio José Maria Pêgo Junior
(Militares no Além)

"A calúnia, a perseguição gratuita, a ingratidão, a maldade são forças das trevas que tudo procuram corromper."

Pêgo Junior
(Militares com Jesus)

FORTUNA

"Não exijas do destino uma fortuna amoedada para que te convertas em trabalhador da grande renovação. O ouro, sem caridade que o dirija, é moldura da avareza e do sofrimento. A boa vontade ignora o livro de cheques. A sinceridade não é artigo de oferta e procura. A paz não se acumula nos bancos. Não olvides que o trabalho é o único processo de aumentar a riqueza e nem te esqueças de que o serviço é o único recurso de capitalizar a simpatia e a cooperação."

Emmanuel
(Deus conosco | Iluminuras)

FRATERNIDADE

"Não podemos hesitar no culto à fraternidade. Todos estamos armados com o discernimento preciso para saber que essa ou aquela palavra, e que essa ou aquela providência são destinadas à melhoria, ao consolo, ao socorro e ao amparo daqueles que nos cercam. Basta que façamos silêncio, guardando a coragem de emudecer nosso personalismo delinquente para que o auxílio divino se estabeleça através de nossas possibilidades, na garantia da felicidade dos outros."

Barros Fournier
(Registros imortais)

"Quanta lágrima enxugada, quanto reconforto administrado, quanta riqueza emotiva fixada em corações sofredores, quanta luz nas almas obscurecidas pelas trevas se tivermos o desassombro de entregar o coração, o cérebro, a voz e os braços à glória do bem para que o amor se estenda puro!"

Barros Fournier
(Registros imortais)

"É indispensável estejamos despertos para a colaboração fraterna, para a ajuda recíproca, para a mútua compreensão e para a desculpa incessante, a fim de que o bem triunfe acima de todas as investidas do mal – do mal que consubstancia as nossas aplicações impróprias de tempo nos recursos que nos foram emprestados pela Providência Divina, desde o pretérito próximo ou remoto."

Efigênio
(Registros imortais)

FUTURO

"Quem conhece o dia de amanhã? Quem sabe o conteúdo

da hora que se aproxima? Nossos maiores sofrimentos decorrem da expectação em torno do que há de vir."

Neio Lúcio
(Colheita do bem)

"Que Deus nos ajude sempre a apagar sombras do passado e a acender novas luzes no presente. Assim agindo, o futuro ser-nos-á sempre risonho e promissor."

Arthur Joviano
(Sementeira de luz | Pérolas de sabedoria)

O livro *Sementeira de paz*, lançado no dia 4 de abril de 2010, na Casa de Chico Xavier, em Pedro Leopoldo, Minas Gerais, é o segundo da trilogia de Neio Lúcio, organizado por Wanda Amorim Joviano

I Encontro Nacional dos Amigos de
Chico Xavier e sua Obra, realizado em Uberaba,
Minas Gerais, nos dias 19 e 20 de abril de 2008

GOLPES DA VIDA

"Não esmoreças sob os golpes da luta. A tempestade não se eterniza. Transforma simplesmente. E não te faltarão braços amigos e robustos de nossa esfera de ação amparando-te na travessia desta experiência humana. Rogamos-te, apenas, coragem e fé viva. O divino Amigo, que é Jesus, fará o resto."

Emmanuel
(Iluminuras)

GUARIDA

"Só devemos dar guarida aos mais nobres sentimentos, a formosos pensamentos e tornaremos a vida em róseo mar de venturas, que são belas, verdadeiras, em esperanças fagueiras, em alegrias mais puras."

João de Deus
(Lições para Angelita)

GUERRA

"Não ceda às sugestões do desânimo. Quem se confia ao desalento, nessa guerra bendita pela evolução maior, entrega-se ao pior inimigo. Cabeça erguida e tranquila sobre o peito robusto e aberto: eis o sinal de nossa disposição sadia para a vitória."

Pêgo Junior
(Militares com Jesus)

GUIAS

"Guias devotados e amigos te estendem as mãos fraternas e protetoras, buscando elevar teu pensamento para o plano do conhecimento superior, oferecendo-te alvitres valiosos e fazendo desabrochar em teu pensamento de lutador as inspirações mais salutares na estrada da fé ativa e realizadora. Não duvides dessa assistência que te acompanha permanentemente os passos na tua tarefa de caridade e de consolação."

Emmanuel
(Deus conosco)

Lançamento do livro *Chico Xavier – O primeiro livro*, realizado no Clube Social de Pedro Leopoldo, Minas Gerais, no dia 7 de maio de 2010, com a presença de Sérgio Luiz Ferreira Gonçalves, sobrinho-neto de Chico Xavier, também organizador da obra, e pelo "Sempre um Papo", com a presença de Geraldo Lemos Neto, em 17 de maio de 2010, em Belo Horizonte, Minas Gerais

Geraldo Lemos Neto e Wanda Amorim Joviano no Lar Espírita André Luiz (LEAL), em Petrópolis, Rio de Janeiro

HARMONIA

"A harmonia é o equilíbrio perfeito do amor divino, disseminado em todos os viventes que palpitam de vida, em toda a extensão dos sentimentos mais puros! Harmonia! Eis o ritmo maravilhoso do Universo, o contato bendito da criatura com o seu Criador!"

Espírito não identificado
(Chico Xavier – A aurora de uma vida entre o Céu e a Terra)

HERDEIROS

"Somos os herdeiros dos milênios caminhando com a súmula de todas as experiências realizadas desde os reinos primários da luta evolutiva. Somos, em toda a extensão do tempo, uma individualidade envergando roupagens diversas. Cada roupagem uma encarnação. Cada encarnação é uma zona de experiências que ilustramos ou obscurecemos e através da qual, embora a nossa unidade essencial, descemos ou subimos na escala vibratória da vida, de acordo com o nosso aproveitamento ou com a nossa inibição voluntária."

Neio Lúcio
(Colheita do bem)

HOJE

"Não nos esqueçamos de que o passado fala em voz alta no presente. O hoje é o prosseguimento do ontem, tanto quanto o amanhã será a continuação do nosso hoje."

Emmanuel
(Deus conosco)

HOMEM

"O homem moderno carrega consigo o patrimônio das mais avançadas filosofias científicas e religiosas. Por todos os lugares surgiram as construções materiais mais preciosas em matéria de caridade e fé. No entanto, é esse mesmo homem forte e poderoso na Terra que erige o catafalco de suas riquezas, que opera a destruição e arruína os espíritos."

Nina Arueira
(Luz na Escola – Chico Xavier na Escola Jesus Cristo de Campos | RJ)

HORAS

"Há muitos lavradores que sabem erguer formosos lamentos e doridas queixas ao fim do dia. Raros, todavia, sabem valorizar as 'horas da luz' para a semeadura das boas sementes e preparação da colheita. Enceleiremos para a eternidade. Não nos detenhamos ao pé das flores. Há muito perfume que poderia absorver-nos grande porção de tempo se conferirmos às suas ondas deliciosas algo mais que o respeito e a admiração justos. Procuremos frutos sazonais que nos alimentem o espírito imortal."

Neio Lúcio

(Sementeira de paz)

"Aguardemos a passagem das horas, porque as horas trazem aquilo de que necessitamos, a fim de que encontremos o agasalho para afastar o frio que sentimos quando a saudade dói no nosso coração."

Luiza Xavier

(Depois da travessia)

HUMILDADE

"Sê humilde e viverás no verde mar da bonança, em eternal esperança, num viver de doce paz! A humildade nos conduz nos caminhos da beleza, ao amor, todo pureza, do nosso amado Jesus!"

João de Deus

(Lições para Angelita)

"A alma em terna humildade, esquece o mal, a impiedade, sobe aos céus, à imensidão, oferecendo a Jesus, por entre preces de luz, os lírios da contrição."

Chico Xavier

(Chico Xavier – O primeiro livro)

"Quem tem a flor da humildade medrando no coração tem o jardim das virtudes da suprema perfeição."

Casimiro Cunha

(Chico Xavier – O primeiro livro)

"No futuro, um lar humilde e miserável ensinará uma mulher a ser mãe e esposa, e a dois homens a linha reta do direito e da justiça."

Emmanuel

(Deus conosco | Pérolas de sabedoria)

"Concentra-te no trabalho sadio a bem dos que te acompanham e aceita com humildade os resultados da plantação que te é própria, a fim de que no amanhã inevitável seja a morte em tua vida um degrau para cima, a sublimar-te a cabeça e a clarear-te os pés."

Emmanuel

(Deus conosco | Pérolas de sabedoria)

Lançamento dos livros *Luz na Escola – Chico Xavier na Escola Jesus Cristo de Campos | RJ* e *Colheita do bem*, realizado na Casa de Chico Xavier de Pedro Leopoldo em 19 de dezembro de 2010, com a presença de Wanda Amorim Joviano e Cidália Xavier de Carvalho, e durante a entrega do título de cidadão honorário a Geraldo Lemos Neto, em 20 de dezembro de 2010, na Câmara Municipal de Pedro Leopoldo, Minas Gerais. Nas fotos, o editor da Vinha de Luz com o Dr. Guilherme Monteiro de Andrade e com Célia Soares

Geraldo Lemos Neto e Suzana Maia Mousinho no
Lar Espírita André Luiz (LEAL), em Petrópolis, Rio de Janeiro

ILUMINAÇÃO

"Que Jesus prolongue as suas oportunidades de iluminação e que sua alma se abra sempre ao seu amor como um altar de fé viva."

Arthur Joviano
(Sementeira de luz | Pérolas de sabedoria)

"Pudéssemos todos receber na Terra a necessária iluminação, em nos referindo às claridades do Evangelho redentor, e outra situação seria a nossa na esfera nova a que fomos chamados."

Roberto Ferreira
(Militares com Jesus)

IMORTALIDADE

"Jamais finda o viver. É eterna a luta; e ao deixar a matéria dolorida a alma busca a mansão enflorecida nessa ânsia de amor, ânsia impoluta!"

Espírito não identificado

(Chico Xavier – A aurora de uma vida entre o Céu e a Terra)

INCÊNDIO

"O incêndio cresce apenas quando encontra combustível! Se sabemos, porém, aplicar a água curativa e salutar sobre as chamas, apressadamente se extinguem, restituindo a paisagem à justa harmonia. Em quaisquer aflições do corpo, nossa mente precisa de segurança. Se desordenamos nosso pensamento sobre a carne em dificuldade para reestruturar-se, qualquer moléstia assume graves expressões. Mas se nos afeiçoamos à temperança íntima, rendendo-nos aos desígnios divinos e buscando o refazimento com esperança e tranquilidade a dor perde o aspecto de fantasma e mais rapidamente vencemos. Tudo passa!"

Antonio José Maria Pêgo Junior

(Militares no Além)

INDIVÍDUO: LAR E COLETIVIDADE

"Sem aprimoramento do indivíduo, não encontraremos lar adequado à materialização do bem e sem lar seguro e enobrecido não disporemos de coletividade em condições de oferecer o justo clima de conforto e ordem, prosperidade e alegria à evolução."

Emmanuel
(Iluminuras | Pérolas de sabedoria))

INFINITOS

"Estamos sempre entre dois infinitos, se pudéssemos dividir o Universo, que é tudo no Todo, o passado e o vir-a-ser. Entre o pretérito e o futuro, nos agitamos reestruturando o destino sobre as bênçãos da ação e do movimento, com o trabalho e serviços triunfantes. É preciso saber seguir para que o nosso hoje seja o presente divino. Trazei para cá todos os tesouros que amontoastes além e não nos esqueçamos de que a frente é o lugar do bom trabalhador. Instalai aqui, no hoje, a vossa confiança e ventura de ontem para que o amanhã nos encontre valorosos e tranquilos."

Emmanuel
(Deus conosco)

INTERCÂMBIO

"Não é preciso que estejamos na carne para trocar vibrações de simpatia e reconhecimento. Somos aqui tão-somente viajores que se afastaram da retaguarda."

Roberto Ferreira
(Militares com Jesus)

INTERIOR

"Cultivar o interior é o nosso maior dever. Deve ser nosso prazer, o nosso mais santo amor! Pois da vida, na caudal, enquanto o corpo perece nossa alma permanece eternamente imortal!"

João de Deus
(Lições para Angelita)

INTERVALO

"Há ocasiões em que o próprio serviço a que nos devotamos pede intervalo no ritmo em que se desdobra, a fim de que nossas forças, voltadas para diferentes setores, se refaçam e se renovem a benefício do trabalho em que centralizamos o pensamento e a vida."

Neio Lúcio
(Colheita do bem)

Geraldo Lemos Neto lançando os livros *Chico Xavier – A aurora de uma vida entre o Céu e a Terra*, *Lições para Angelita* e *Isabel – A mulher que reinou com o coração* na Livraria Saraiva do Shopping Iguatemi em Fortaleza, Ceará, em 28 de junho de 2012, nos 10 anos da desencarnação de Chico Xavier

9

O casal Rosane e Flávio Tavares, Wanda Amorim Joviano,
Geraldo Lemos Neto e Rubens Carneiro no Horto de
Célia, na Escola Jesus Cristo de Campos, Rio de Janeiro

JESUS

"Com o Mestre da Cruz toda visão do caminho se modifica. Onde a ignorância espalhou males incontáveis observarás o teu campo de ação e onde a miséria plantou espinheiros e lágrimas encontrarás o teu ensejo sublime de ajudar, valorosamente."

Emmanuel
(Deus conosco | Pérolas de sabedoria)

"Feliz de quem se conduz, por este mundo de abrolhos, trazendo sempre seus olhos fitados no bom Jesus."

João de Deus
(Lições para Angelita)

"Jesus, através do Evangelho, há de ser a força positiva que nos oriente a marcha ou então permaneceremos à mercê da perturbação e da inutilidade por vastíssimos séculos de vida neutra ou, francamente, improdutiva."

Neio Lúcio

(Sementeira de paz)

"Jesus, tu és o lírio esplendoroso, flor de pureza e luz imaculada! Perante ti minh'alma prosternada enche de luz o seu viver trevoso."

Espírito não identificado

(Chico Xavier – A aurora de uma vida entre o Céu e a Terra)

"Jesus foi o anjo da bondade entre nós. Aqui amou-nos com toda a sua alma puríssima e ainda nos ama das Alturas, onde espera os bons para recompensá-los com o prêmio do seu amor. Jesus foi o espírito mais perfeito que já brilhou nas sombras do nosso planeta e por isso devemos admirá-lo, amando-o intensamente. O seu maior desejo é que sigamos as suas lições luminosas, que ficaram registradas nos seus evangelhos. Busquemos, pois, aproximarmo-nos dele, procurando imitá-lo, servindo, de boa vontade, aos nossos semelhantes."

Espírito não identificado

(Chico Xavier – A aurora de uma vida entre o Céu e a Terra)

"O nosso dever neste mundo é seguir Jesus, buscando compreender os seus luminosos ensinos e pô-los em prática. É amar os nossos semelhantes, desejando para eles aquilo que almejamos para nós mesmos."

Espírito não identificado

(Chico Xavier – A aurora de uma vida entre o Céu e a Terra)

"Pensando em ti, Jesus, minh'alma docemente passa da treva à luz, dos prantos ao sorriso, suave irradiação de um sol resplandecente, alvorada de amor, em êxtase divino."

Chico Xavier
(Chico Xavier – O primeiro livro)

"Não te afastes jamais do modelo maior, Jesus – toda a expressão de sublimado amor, luminoso fanal de suma perfeição; não te enveredes, pois, nos vícios e nos crimes, procura o belo e o bom, do mal não te aproximes, sê pureza e sê paz, sê luz e sê perdão!"

Chico Xavier
(Chico Xavier – O primeiro livro)

"Eu não trago a minh'alma amargurada, porque te amo, ó Jesus, com amor tão puro, que o meu ser desprezível e obscuro já não sente os espinhos pela estrada."

Chico Xavier
(Chico Xavier – O primeiro livro)

"Jesus foi na Terra a mais perfeita encarnação do amor divino. E ainda hoje, nos dias amargurados que transcorrem, é para a humanidade a promessa da Paz, o manto protetor que cobre os aflitos e os infelizes, o pão que sacia os esfomeados das eternas verdades, a fonte que desaltera todos os sofredores."

Martha
(Chico Xavier – O primeiro livro)

"O amigo de Jesus é o caminheiro da verdade. O Evangelho é o seu roteiro, a fidelidade é a sua força, o amor, a sua razão de viver. Os que se desligam das emoções penosas do mundo em Jesus Cristo experimentam em seus espíritos a luz intensa e eterna de uma alvorada nova."

Des Touches

(Luz na Escola – Chico Xavier na Escola Jesus Cristo de Campos | RJ)

"O amigo do Mestre é aquele que se tornou o devotado companheiro de seus irmãos; é o que se fez um com o Cristo, como Jesus se fez um com o Pai. Não há condição mais bela, nem mais feliz, que a do homem que, embora em luta purificadora na Terra, se entregou ao coração daquele que é a claridade abençoada dos séculos terrestres."

Des Touches

(Luz na Escola – Chico Xavier na Escola Jesus Cristo de Campos | RJ)

"Jesus, nós somos aquelas crianças que te pedem proteção e amparo em todos os instantes da vida. No momento da alegria, concede aos operários de tua oficina santa os recursos necessários para a verdadeira compreensão, na vigilância e na oração que nos ensinaste. Nos instantes de dor, sê a coragem da alma triste, que deverá despir todos os desalentos do caminho para a perfeita união com os teus desígnios amorosos e puros."

Emmanuel

(Luz na Escola – Chico Xavier na Escola Jesus Cristo de Campos | RJ)

"Crescei para Jesus, ainda que a humanidade vos desconheça o esforço salutar! Desdobrai pensamentos de paz em derredor de vossos passos e permanecei fiéis ao Evangelho e a vós mesmos!"

Anna Nery

(Militares no Além)

"Que Jesus nos estenda braços compassivos e salvadores, a fim de que sejamos fiéis aos nossos compromissos espirituais com a Vida Maior até o fim de nossas provas redentoras (...)"

Pêgo Junior
(Militares com Jesus)

"Todos passaram dilacerando e usurpando, frustrando e destruindo... Ele, porém, veio ter com os homens através de estrebaria singela. Não teve exércitos que não fossem as legiões de almas simples que o receberam confiantes na palavra divina. Não manejou outra espada que não fosse a do próprio coração inflamado de amor. Não viveu outra aristocracia que não fosse aquela do serviço infatigável aos semelhantes. Não empunhou outro cetro que não aquele da cana de escárnio que lhe puseram nas mãos na hora da angústia. Não guardou outra tiara de realeza que não fosse a coroa de espinhos. E não teve outro sólio de governança que não aquele do lenho da ignomínia, em que testemunhou o supremo sacrifício."

Vianna de Carvalho
(Registros imortais)

"Reunamo-nos, em espírito e verdade, ao redor do espírito divino de nosso Senhor Jesus Cristo, que jamais desesperou de nossas fraquezas, que nunca cerrou as portas da tolerância e que nunca exibiu mãos vazias de amor para os nossos espíritos endividados, de modo a manter-nos todos nesta bendita entrosagem de esforço na verdadeira confraternização, marchando para o triunfo real com o Evangelho à luz do Espiritismo e com o Espiritismo à luz do Evangelho, agora, hoje, amanhã, aqui e em qualquer parte."

Efigênio
(Registros imortais)

"Tu, Mestre divino, que dissipaste a sombra do cego de Jericó, que devolveste o movimento ao paralítico do tanque de Betesda, e que ressuscitaste o Lázaro sepulto, compadece-te também de nossas almas empedernidas e soterradas nas ruínas do próprios sonhos! Somos muitos, Senhor, os que nesta noite te rogamos a esmola de socorro e comiseração, somos muitos os que ostentamos, por nossa infelicidade, o cárcere talhado por nós mesmos!..."

Cerinto
(Registros imortais)

"Oh, Senhor, tantos te rogam ascensão ao Céu! Nós te imploramos o recomeço na carne! Tantos de pedem a saúde!... Nós te suplicamos a doença! Tantos te solicitam o convívio dos laços domésticos no templo familiar!... Nós te rogamos o banimento e a solidão!... Tantos te pedem o equilíbrio e a beleza!... Nós te suplicamos a mutilação e a chaga redentora! Entretanto, Senhor, com a cruz que nós mesmos talhamos, suspiramos por tua bênção para a regeneração de que carecemos!..."

Cerinto
(Registros imortais)

"O templo do Mestre, em cuja intimidade oficiava, sublime, era o próprio coração humano, despertando as almas para a glória divina. Da manjedoura até a cruz, vemo-lo curando os enfermos, ensinando o caminho da purificação espiritual, reerguendo os caídos, consolando os tristes e aliviando a carga dos sofredores."

Cícero Pereira
(Registros imortais)

JULGAR

"Tantas horas que despendemos, julgando àqueles cuja conduta não nos diz respeito à educação espiritual!... Estamos, habitualmente, preocupados no exame dos outros, observando a consciência dos outros, quando em matéria de nossas relações recíprocas fomos chamados a ajudar – ajudar a todos –, começando de nossa própria casa, plasmando o Espiritismo naqueles que nos acompanham de perto."

Amintas Soares
(Registros imortais)

JUVENTUDE

"Renascendo no mundo da quimera, ao colhermos a flor da juventude, é quando o nosso espírito se ilude, julgando-se na eterna primavera."

Raul de Leoni
(Chico Xavier – O primeiro livro)

Os livros *Chico Xavier – A aurora de uma vida entre o Céu e a Terra*, *Lições para Angelita* e *Isabel – A mulher que reinou com o coração* lançados, em 2012, pela Vinha de Luz nos 10 anos da desencarnação de Chico Xavier

Cotinha Toledo, Geraldo Lemos Neto, Basílio Peralva, Bady Raimundo Curi, Marival Veloso, Pedro Valente e Antônio Fontana no lançamento do livro "Evangelho puro, puro Evangelho – Na direção do Infinito", de Martins Peralva, no dia 22 de dezembro de 2009, no Centro Espírita Luz, Amor e Caridade, em Belo Horizonte, Minas Gerais

KARDEC

"Kardec, foste aqui o grande iluminado, e do amor de Jesus, o excelso mensageiro; da verdade e da luz, o fúlgido luzeiro, da cruzada do bem, o mestre abnegado!"

Espírito não identificado

(Chico Xavier – A aurora de uma vida entre o Céu e a Terra)

"A grande figura do mestre deve ser evocada. A sua vida de nobres exemplificações deve ser tomada como paradigma pelos obreiros novos. A sua obra foi a de um revolucionário divino, em complementação ao trabalho e ao sacrifício do maior revolucionário do mundo, que foi o divino Mestre. Allan Kardec é o hífen de luz unindo os repositórios sagrados de todas as gerações. O seu esforço ainda é o trabalho permanente da evolução de toda a cultura humana no Evangelho de Cristo. E agora, como nunca, essa semeadura deve ser cultivada."

Emmanuel

(Deus conosco)

"A nós outros, espíritas encarnados e desencarnados do século XX, cabe uma tarefa gloriosa: a tarefa de manter a pureza e a simplicidade da lição kardequiana, através da edificação de nossa própria consciência para o divino Mestre e Senhor."

Barros Fournier
(Registros imortais)

"É necessário que o lema do codificador, expresso em sua trilogia – trabalho, solidariedade e tolerância –, seja fundamentalmente vivido por nossas manifestações, com abstenção integral da crítica contundente, em torno da alheia conduta."

Efigênio
(Registros imortais)

Gustavo Capanema, João Marcos Weguelin e Célia Soares no lançamento dos livros *Chico Xavier – A aurora de uma vida entre o Céu e a Terra*, *Lições para Angelita e Isabel – A mulher que reinou com o coração*, realizado na Casa de Chico Xavier de Pedro Leopoldo, em 8 de julho de 2012, nos 10 anos da desencarnação de Chico Xavier

*Culto do Evangelho na Casa de Chico Xavier de Pe-
dro Leopoldo em 2009, com a presença dos can-
tores uberabenses Sérgio e Marlene Santos, Wanda
Amorim Joviano, Aston Brian, Oceano Vieira de Melo,
Weimar Muniz de Oliveira e Carlos Baccelli*

LÁGRIMA

"Lágrima! Pela vida és qual flor entre abrolhos, alvo lírio da dor, refulgindo nos olhos!"

Chico Xavier
(Chico Xavier – O primeiro livro)

"Lágrima, lírio das dores de Jesus, amargura das almas torturadas, filha das emoções divinizadas, mensageira da dor que a Deus conduz."

Chico Xavier
(Chico Xavier – O primeiro livro)

LAMENTAÇÕES

"Antes de imergirmos o nosso espírito nas tristes lamentações dos nossos infortúnios e misérias, lembremos que residimos, temporariamente, num dos mundos de expiação e de provas!"

Espírito não identificado
(Chico Xavier – A aurora de uma vida entre o Céu e a Terra)

LAR

"O lar é o barco para a travessia no mar das experiências necessárias. Sem ele, seria difícil emergir nos cimos da onda revolta em que se debate a vida inferior. Dentro dele, selecionamos as nossas melhores tendências para que se elevem e se multipliquem a nosso favor, dentro da luz eterna."

Neio Lúcio
(Colheita do bem)

"O lar é celeiro dos dons divinos. Ajudemo-lo a sustentar-se forte e generoso entre os trechos de terra árida que ainda se destacam no grande mundo dos corações. Amparemo-lo com a nossa boa vontade e com o nosso esforço a manter-se iluminado entre as sombras que ainda povoam a Terra e, por certo, nossa experiência nas lides carnais se desdobrarão ricas de claridades e bênçãos."

Neio Lúcio
(Colheita do bem)

"O lar, em sua expressão superior, é sempre a divina instituição do espírito. As reuniões familiares são sempre inspiradas e belas. Falam do passado, iluminam o presente e prometem a felicidade do futuro. Que Jesus os abençoe a todos, facultando-lhes a continuação dessas oportunidades benditas de reaproximação no templo doméstico."

Neio Lúcio
(Sementeira de luz)

"O lar é um cadinho sagrado em que todo metal inferior se transmuda em ouro puro de Deus."

Arthur Joviano
(Sementeira de luz | Pérolas de sabedoria)

"Construir um lar forte e equilibrado, forte na defesa contra a maré invasora do oceano de ideais inferiores que se agita na Terra, e equilibrado diante dos choques da existência humana, constitui tarefa grande em demasia para obter o louro fácil do entendimento imediato."

Neio Lúcio
(Sementeira de paz)

"Os santos júbilos do lar constituem fontes benditas de inspiração superior e de energias multiplicadas para o trabalho. O campo doméstico é também usina criadora de forças prodigiosas no sustento de realizações para a eternidade."

Neio Lúcio
(Sementeira de paz)

"Transformemos o lar no templo de cada hora, onde a fé seja um ensino de todos os instantes, a dor, um motivo de resgate venturoso, a esperança, uma aurora perene e o amor, uma fonte daquela água viva que dessedenta toda a sede do coração."

Maria de São João de Deus
(Luz na Escola – Chico Xavier na Escola Jesus Cristo de Campos | RJ)

"O júbilo doméstico é a materialização das bênçãos do Céu. O lar não é simplesmente um refúgio compulsório de personalidades, na expressão física da palavra. É o templo das almas em que os sentimentos elevados se unem para a celebração da verdadeira felicidade."

Amélia Amorim
(Depois da travessia)

LIBERDADE

"Aos seres da Criação Deus concedeu liberdade para que, na Imensidade, buscassem a perfeição!"

João de Deus
(Lições para Angelita)

LIÇÕES

"Muito moços ainda, à feição de frutos verdes na árvore da vida, aprendemos o que seja caridade, perdão, tolerância, trabalho no bem e fraternidade com todos. A princípio, praticamos as lições e cremos nossas almas queridas e amigas... O tempo vai desdobrando os painéis do passado quando, de improviso, nos aparecem aqueles companheiros ou irmãos que ainda não são simpáticos e já começa o nosso novo aprendizado."

Luiza Xavier
(Depois da travessia)

LIVROS

"Os livros são fonte de consulta, elementos de iluminação e aviso, patrimônios do saber que orienta os caminhos e lhes define os contornos. Entretanto, o lar é o livro mais importante, porque se constitui de páginas da vida em si própria."

Neio Lúcio
(Sementeira de luz)

"O livro deve ser o nosso maior tesouro, em se tratando de patrimônios inspiracionais do mundo. Nele poderemos receber as mensagens mais nobres, se temos nosso coração inclinado ao bem, à luz, à verdade."

Neio Lúcio
(Sementeira de luz)

"Um livro é sempre um trabalho concretizado e quando esse trabalho atende à verdade e ao bem é serviço de Cristo em função de esclarecimento e conforto, amparo e iluminação dos espíritos imortais."

Arthur Joviano
(Sementeira de luz | Pérolas de sabedoria)

LUTA

"É cruel encontrar-se o homem desencarnado sem ideal, sem bússola, sem instrumento, sem roteiro! Por isso, aceitem as lutas como bênçãos! A criatura muito favorecida pelas facilidades atrofia-se espiritualmente muito depressa. A tempestade saneia, a dor corrige, o trabalho educa, a perseverança aprende, o sofrimento agravado purifica sempre. É preciso levar esses ensinamentos em conta para sabermos como extrair os tesouros da experiência."

Neio Lúcio
(Sementeira de luz | Pérolas de sabedoria)

"A luta carnal é uma frente de batalha, de cujas linhas o soldado não deve ser retirado às pressas. Quanto mais capacidade de suportar as dificuldades e tropeços maior mérito! É necessário permanecer, portanto, de coração armado pelos recursos do bem para não sucumbirmos aí, dentro da fortaleza de nossa própria alma."

Marechal Antonio José Maria Pêgo Junior

(Militares no Além)

"Não estranhemos a luta. A Terra é o velho abrigo dos contrastes, dos desequilíbrios aparentes. Pela sombra, apreciamos a luz. Pela enfermidade, estimamos a saúde. Ninguém lhe atravessa a superfície indene de tributos. Sofrimento e dificuldade são valiosa herança para quantos se candidatam ao aperfeiçoamento. Nesse espírito de compreensão, meus filhos, avancemos! No mundo, nossa passagem guarda enorme semelhança com a guerra. O corpo de carne é também um campo de batalha, dentro do qual liquidamos a experiência física em conflitos incessantes do berço ao túmulo. Não se curvem diante da sombra. A vida é claridade que o bom ânimo no trabalho de nossa própria melhoria nos ajuda a encontrar."

Antonio José Maria Pêgo Junior

(Militares no Além)

"As campanhas mais difíceis de ser vencidas são aquelas que as circunstâncias estabelecem dentro de nós mesmos. Mas ainda falecem as reservas de coragem, serenidade e paciência..."

Ismael da Rocha

(Militares com Jesus)

"Lutar incessantemente. Construir com a eternidade. Engrandecer o começo e seguir até o fim, na batalha pela vitória final do bem."

José Antonio Correa da Câmara

(Militares com Jesus)

LUZ

"Entre todos os quadros inesperados do caminho terrestre, guarda a certeza de que a luz divina palpita sobre todos os acontecimentos e situações. Esse pensamento dá conforto íntimo e bem-estar."

Neio Lúcio
(Sementeira de paz)

LUZ DO ESPIRITISMO

"Não nos esqueçamos de que não é por falta de recursos materiais que o homem sucumbe às garras da aflição e da morte, mas sim por falta de luz e é para a distribuição dessa luz que o Céu nos convida ao campo sublime do Espiritismo, a fim de que os outros encontrem o sol de Jesus conosco e por nós."

Emmanuel
(Deus conosco)

LUZES

"No mais íntimo de seu coração, busque repetir com as letras sagradas: 'O Senhor é meu pastor, nada me faltará'. Dia virá em que as sombras se converterão em luzes e as dores, em júbilos eternos."

Neio Lúcio
(Sementeira de paz)

M

Amigos de Chico Xavier se encontram em sua casa em Pedro Leopoldo. De pé, da esquerda para a direita, em terceiro plano: Jhon Harley, Neida Fontana, Carlos Baccelli, Ana Maria Machado, Antônio Fontana. Em segundo plano: Marlene Nobre e Bárbara Valeska. Sentados: o casal Weimar Muniz e Geraldo Lemos Neto

MÃE

"Somente as mães são as sentinelas sagradas que conhecem com antecedência as tempestades no mar alto. A vida terrestre é essa travessia penosa pelo oceano encapelado de provas e expiações. Há necessidade de cuidarmos do barco em tão exaustiva viagem, inçada de perigos e preocupações."

Neio Lúcio
(Sementeira de luz | Pérolas de sabedoria)

"Um pai carinhoso e bom pode fazer de uma casa um templo de paz e de justiça, mas o coração maternal, esclarecido na sua missão, faz do lar um detalhe do próprio céu."

Arthur Joviano
(Sementeira de luz | Pérolas de sabedoria)

MÁGOA

"Quando a mágoa me açoita, persistente, tangedora dos pobres peregrinos, eu vislumbro reflexos celinos, de alma feliz, esperançosa e crente."

Chico Xavier
(Chico Xavier – O primeiro livro)

MAL

"Há inúmeros soldados nos movimentos do mal, entretanto, todos se destinam à transformação em instante oportuno, porque só o bem permanece nos círculos de seleção justa da vida."

Neio Lúcio
(Sementeira de luz)

MALDADE

"Comentando, com maldade, o erro ou a vida de alguém, desviamo-nos do bem, da luz, do amor, da verdade! Em nosso irmão infeliz não devemos procurar, e nem jamais enxergar, o defeito ou a cicatriz."

João de Deus
(Lições para Angelita)

MARCHA

"Para longos séculos que os homens perderam, surgem agora dias apressados em que os mais graves problemas se condensam, exigindo justa solução. Os que não aprenderam a harmonia da marcha em verdade sofrem muito, porque as horas são efetivamente expressivas no que se relaciona com o progresso das massas."

Neio Lúcio
(Sementeira de paz)

MARIA DE NAZARÉ

"Procuremos saturar o coração da prece e da vigilância daquela que, em Nazaré, soube esperar os desígnios santos do Céu a seu respeito. Seu manto constelado de todas as virtudes se abre generosamente para nós como um pálio divino. Saibamos compreendê-la, desde a manjedoura até o Calvário. Seu exemplo é a luz de todos os séculos para a missionária do Cristo no seu esforço de redenção."

Maria de São João de Deus
(Luz na Escola – Chico Xavier na Escola Jesus Cristo de Campos | RJ)

MATERNIDADE

"A maternidade é uma cruz de espinhos que, muitas vezes, somente produz rosas na vida celeste. Não esmoreça, porém, sob o madeiro da prova. Ofereça, ainda e sempre, aos filhos queridos, entre a energia e a ternura, as bênçãos de seu vigilante amor."

Emmanuel
(Deus conosco)

MEDITAÇÃO

"Para a alma triste, a meditação no silêncio da natureza é conforto sublime, é um farol a iluminar a treva dos dias que se escoam na Terra."

Espírito não identificado
(Chico Xavier – A aurora de uma vida entre o Céu e a Terra)

MERECIMENTO

"Como Deus é bom, meus filhos! Por mais que sofrêssemos na Terra, por mais que lutássemos, as dádivas que nos felicitam permanecem muito além de nossas expectativas e de nossos escassos méritos."

Arthur Joviano
(Sementeira de luz | Pérolas de sabedoria)

MINUDÊNCIAS

"Faz-se imprescindível examinar as minudências e satisfazer a imperativos inadiáveis do serviço. Hoje, detalhes aparentemente insignificantes, amanhã, particularidades inexpressivas aos olhos sem reflexão, mas detalhes e particularidades que, como as coisas obscuras e mínimas, são forças essenciais da edificação."

Neio Lúcio

(Sementeira de paz)

MOCIDADE

"A mocidade é, realmente, a sementeira do futuro e a depositária das esperanças celestes, mas quando unida aos desígnios de Mais Alto, em marcha para os testemunhos edificantes que a luta lhe oferece."

Neio Lúcio

(Sementeira de paz)

"A companhia indigna constitui o mais alto perigo para a mocidade. Uma juventude despreocupada de deveres sérios gera confusão enorme e, quase sempre, somos levados de maneira sensível ao esquecimento das coisas pequeninas que fazem parte das grandes coisas."

Joaneco

(Depois da travessia)

MOLÉSTIAS

"As moléstias, que são filhas do serviço, são palmas de espiritualidade. Não vos desejamos palmas semelhantes à maneira de espinhos do jardim, mas não podemos deixar de lhes reconhecer o profundo valor no campo das experiências que purificam, enriquecem e nobilitam."

Emmanuel
(Deus conosco | Iluminuras)

MORTE

"A 'morte' é somente mudança e reporto-me ao assunto para afirmar-lhes que morrer somente não deve interessar ao homem. Importa 'morrer bem', isto é, com a paz dos que batalham, com a edificação dos que pelejam, dos que vivem sempre de pé, ainda mesmo quando o corpo ameaça perecer."

Neio Lúcio
(Sementeira de luz)

"A morte deixa de ser o ponto terminal do caminho para ser a continuação da luta edificante do espírito eterno."

Arthur Joviano
(Sementeira de luz | Pérolas de sabedoria)

"Agradeçamos a Deus por essa possibilidade de levarmos um pouco de conforto a esses irmãos que, deserdados do patrimônio de conhecimentos espirituais sobre a Terra, atravessam as águas da morte geralmente desprovidos de remos para os balanços mais fortes do barco, na misteriosa travessia."

Emmanuel
(Iluminuras)

"A morte não seria problema se fosse o fim. É problema grave porque significa vida, recomeço e atividade nova."

Emmanuel
(Iluminuras)

"O templo da morte tem portas incontáveis, como incontáveis são as almas humanas e infinitos os seus estados de consciência."

Martha
(Chico Xavier – O primeiro livro)

"Ali na Terra é a bem-aventurança o sonho que todo o espírito agasalha. Mas mesmo após a morte a alma trabalha, buscando o céu das suas esperanças."

Raul de Leoni
(Chico Xavier – O primeiro livro)

"A morte é, de todas as separações, a mais dolorosa e a mais triste, porém é com os seus sofrimentos que abrimos o coração para uma vida mais vasta."

Olímpio Almeida
(Luz na Escola – Chico Xavier na Escola Jesus Cristo de Campos | RJ) "

A morte é uma viagem que nos é imposta por Deus e para qual o homem do mundo nunca está preparado."

Virgílio Machado
(Depois da travessia)

MORTICÍNIO

"Infelizes as nações que acenderam os fogos do morticínio! Sobre elas caem as maldições proferidas contra as coletividades pacíficas! Assestados contra si próprias permanecem os canhões consagrados à destruição dos povos amantes da liberdade! Criaram cadeias para os próprios pulsos, algemaram as mãos no longo e doloroso cativeiro projetado para quantos amam o trabalho por amor ao serviço da criação de Deus!"

Anna Nery
(Militares no Além)

MULHER

"Em todos os tempos, os homens fizeram as batalhas destruindo os caminhos da vida, destruindo instituições ou intoxicando patrimônios, porém a mulher, na excelcitude de sua tarefa, foi sempre a jardineira de Jesus, plantando as flores da vida sobre as devastações dos movimentos destruidores, como a primavera que enfeita de rosas uma casa desprezada, em dolorosas ruínas."

Maria de São João de Deus
(Luz na Escola – Chico Xavier na Escola Jesus Cristo de Campos | RJ)

"A missão da mulher não pode ser adulterada. Qualquer modificação no seu papel de orientadora da família, dos homens e dos povos acarreta a confusão no mecanismo geral da coletividade. Muitos dos nossos mestres daqui nos afirmam que o desvio da mulher, no tocante aos problemas grandiosos dos seus deveres, é uma das causas principais da luta terrível que se estabeleceu nos últimos anos sobre a Terra."

Helena Maia
(Depois da travessia)

MUNDO

"Existem mundos formosos, de belezas deslumbrantes, que são moradas brilhantes de seres mais venturosos! Mas a Terra que habitamos é orbe de expiações, de aspérrimas provações, que sempre e sempre encontramos."

João de Deus
(Lições para Angelita)

"Achamo-nos diante de um mundo que se modifica a passos gigantescos! Recuperaremos, no círculo da luta, os bens morais que jazem ofuscados em quase toda a parte. Um eclipse da consciência, que passará mais tarde quando o sol da verdade e do amor fulgurar sobre os corações. E essa nova era não vem longe! Auxiliemos o Brasil a pensar e o nosso povo saberá agir acertadamente! Peço, pois, a você não se preocupe e nem se aflija. Somos soldados. As ordens dos gabinetes "de cima" far-se-ão ouvidas no momento oportuno!"

Antonio José Maria Pêgo Junior
(Militares no Além)

Lançamento do livro *Depois da travessia*, em parceria com a Editora Didier, de Votuporanga, São Paulo, realizado na Casa de Chico Xavier, em Pedro Leopoldo, Minas Gerais, em 3 de fevereiro de 2013, com a presença de Divaldinho Mattos, Antônio Fontana, Carlos Ferreira, Jhon Harley, Henrique Kemper Borges – presidente da União Espírita Mineira –, Geraldo Lemos Neto, Eugênio Eustáquio dos Santos – presidente da Aliança Municipal Espírita de Pedro Leopoldo – e Alisson Pontes

Wanda Amorim Joviano, Cidália Xavier de Carvalho e Geraldo Lemos Neto, na Casa de Chico Xavier de Pedro Leopoldo, no dia 20 de dezembro de 2010, durante o lançamento dos livros "Colheita do bem" e "Luz na Escola – Chico Xavier na Escola Jesus Cristo de Campos | RJ"

NATAL

"O Natal é sempre um cântico renovado de júbilo santificador. Gravemo-lo na própria alma, a fim de que sejamos, em todos os momentos, aqueles 'espíritos de boa vontade' que os pastores louvaram na noite inesquecível."

Neio Lúcio
(Colheita do bem)

"Recordando o Natal, enriqueça de paz e de contentamento o lar em que te encontras. Toda a alegria honesta é sempre bela e pura."

Dario Veloso
(Registros imortais)

NECESSIDADES

"Na maioria das vezes, são necessários a dificuldade, o testemunho mais forte e o obstáculo expressivo para que o coração – como símbolo do sentimento – se abra ao alimento novo."

Neio Lúcio

(Sementeira de luz)

Eugênio Eustáquio dos Santos com os pais no lançamento dos livros *Registros imortais* e *Militares com Jesus* – realizado no Centro Espírita Meimei, em Pedro Leopoldo, Minas Gerais, em 9 de novembro de 2013. Abaixo, Moyra Tófani, filha de Arnaldo Rocha, ao lado de Geraldo Lemos Neto, Diva Pimenta, do Centro Espírita Meimei, e Íris Avelar, do Centro Espírita Luiz Gonzaga

O opúsculo *Militares com Jesus* é o segundo título organizado pelo uberabense Cezar Carneiro de Souza editado pela Vinha de Luz

O

Giovani Vieira Guimarães, da Vinha de Luz Editora, sendo homenageado durante o lançamento dos livros "Colheita do bem" e "Luz na Escola – Chico Xavier na Escola Jesus Cristo de Campos | RJ", na Câmara Municipal de Pedro Leopoldo, no dia 20 de dezembro de 2010

OBRA

"A grande obra, a obra fundamental de nosso movimento, é a da própria restauração de nós mesmos para nosso Senhor Jesus Cristo."

Amintas Soares
(Registros imortais)

OBSTÁCULOS

"Não sofra quando minguem as possibilidades! No obstáculo, o esforço do homem é mais belo e nas facilidades sem significação a alma adormece muito longe de seus objetivos divinos. Quando aparecem as lutas inevitáveis, há sempre bons amigos ao seu lado, ajudando-o a vencer."

Neio Lúcio
(Sementeira de luz)

ORAÇÃO

"A casa que ora é diferente das que não o fazem. O hábito da oração construtiva representa a edificação nobre de um 'porto' às aspirações divinas. Quantos desastres evitados pelo influxo magnético da prece sentida e vivida? Quantas dores anuladas, quantos obstáculos vencidos? Aqui poderemos observar a extensão das respostas."

Neio Lúcio
(Sementeira de luz)

"A oração nos dará conformação e entendimento. E aos poucos vamos compreendendo que a misericórdia de Deus na juventude nos toma pelas mãos e ensina-nos a cultivar as qualidades que nos farão sempre felizes."

Luiza Xavier
(Depois da travessia)

ORGULHO

"O orgulho e a vaidade são sempre maus conselheiros, são pérfidos companheiros, são filhos da iniquidade. Nunca os tenha em teus dias, nas horas dos anos teus, pois nos afastam de Deus, nos roubam as alegrias!"

João de Deus
(Lições para Angelita)

Flávio Mussa Tavares, Geraldo Lemos Neto e Wanda Amorim Joviano na noite de 18 de junho de 2008, na Escola Jesus Cristo de Campos, Rio de Janeiro, lançando os livros *Célia Lucius, Santa Marina, Ignácio de Antioquia, Sementeira de luz, Deus conosco* e *Militares no Além*

Geraldo Lemos Neto, Carlos Baccelli e Saulo Gomes no III Encontro Nacional dos Amigos de Chico Xavier e sua Obra, realizado em Uberaba, Minas Gerais, nos dias 17 e 18 de julho de 2010, no qual foram lançados os livros *Sementeira de paz, Chico Xavier – O primeiro livro* e *O voo da garça – Chico Xavier em Pedro Leopoldo* | *1910-1959*

Geraldo Lemos Neto e Marlene Nobre agraciados com a Comenda da Paz Chico Xavier, no dia 25 de março de 2011, no Anfiteatro do Centro Administrativo de Uberaba, Minas Gerais

P

PACIÊNCIA

"A paciência é a perseverança no bem, através de todas as vicissitudes e de todas as circunstâncias. Sem ela, o aprendizado da existência se resume a recapitulações infinitas, nos séculos incessantes."

Emmanuel
(Deus conosco)

"Não olvides que é preciso paciência na dor e na alegria. Na provação, ela é a serenidade, assegurando-nos a certeza de que o amanhã será luminoso recomeço. Nas horas de calmaria, é a temperança sussurrando-nos a necessidade de equilíbrio para que se não nos fira a consciência."

Emmanuel
(Iluminuras)

"Sei que devemos esperar em Jesus e que, de qualquer modo, não temos outro caminho. Entretanto, esperar também é uma arte que nem todos aprenderam. A esperança não é perfeita sem a paciência e a conformação."

Feliciano
(Militares no Além | Militares com Jesus)

PAI

"Tudo rende homenagens ao Pai Eterno! O vento, quase silencioso, conversa com as frondes verdes, os pirilampos bailam ao som da orquestra dos grilos, grandes insetos noturnos voam devagarinho, como que admirados da profunda beleza! Os próprios sapos fazem cantiga de rimar! E sob a luz discreta do céu muito azul, operários divinos, silenciosos aos ouvidos do homem, trabalham e oram, lutam e esperam também como os encarnados."

Neio Lúcio
(Sementeira de luz)

"Nunca descreias do amor do nosso Pai de Bondade, que do erro e da maldade nos afasta pela dor!"

João de Deus
(Lições para Angelita)

PAÍS

"Um país não é somente grande pelo esforço dos que se acham 'vivos na carne', mas também pela dedicação de quantos se converteram, pela morte, em 'vivos de espiritualidade'. E conversar com um amigo é dirigirmo-nos a muitos, em sentido simbólico. Não lhe cause estranheza, portanto, as nossas visitas fraternais. O serviço assim exige."

Júlio Anacleto Falcão da Frota
(Militares no Além)

"Consola-nos a meada obscura dos acontecimentos atuais, a certeza de que o nosso país está desempenhando e consolidando, com a supervisão do Cordeiro de Deus, importante missão sob a luz do Cruzeiro. Apesar de todos os labirintos, ainda é aqui que desfrutamos as melhores expressões de fraternidade e paz e, embora nos pareça à primeira vista menos apto à união e ao autogoverno, o povo do Brasil ainda é o mais feliz do planeta na hora da transição que atravessamos. Aqui o espírito pode soltar as próprias asas intangíveis e pensar, imaginar, esperar e crer no futuro como melhor lhe pareça, ao passo que em muitas nações vigorosas e opulentas a preparação bélica confere um sinistro sentido às suas preocupações."

Marechal Antonio José Maria Pêgo Junior
(Militares no Além)

PALAVRA

"As palavras que ferem são instrumentos de suplício apenas aos que a proferem, quando os nossos ouvidos só recebem o que seja útil ao esforço de iluminação encetado."

Neio Lúcio
(Sementeira de luz)

"A palavra que reténs é tua serva querida; mas aquela que te foge é dona da tua vida."

Casimiro Cunha
(Chico Xavier – O primeiro livro)

"Cada palavra amorosa, nas sendas da pregação, é mais luz na tua estrada de vida e de redenção."

Casimiro Cunha
(Luz na Escola – Chico Xavier na Escola Jesus Cristo de Campos | RJ)

PASSE

"O passe é medicação viva, eficiente e imediata, não só à disposição do homem encarnado, mas de todos nós, cujo quadro de experiência não se fixa propriamente na superfície do planeta, condicionada às leis fisiológicas conhecidas."

Emmanuel
(Iluminuras)

PASSOS

"Nossos passos são trôpegos na estrada, nosso esforço, Senhor, é quase nada, mas teu braço amoroso nos conduz."

João de Deus
(Luz na Escola – Chico Xavier na Escola Jesus Cristo de Campos | RJ)

PAULO DE TARSO

"Não nos esqueçamos do grande convertido de Damasco, homem áspero, de ação inesgotável, antes da visita do Senhor, e companheiro valoroso e fraterno, com a mesma atividade indefinível depois dela."

Marechal Antonio José Maria Pêgo Junior
(Militares no Além)

"O apóstolo dos gentios foi um dos mais bem acabados padrões de varonilidade cristã, agindo e criando sempre para o lado melhor da vida, até mesmo quando a espada romana lhe decepou a cabeça de herói, jamais anulado ou envelhecido no espírito imperecível. Do primeiro momento de Damasco até o fim do corpo, outro pensamento não lhe animou a candeia do cérebro que não fosse o de renovação e entusiasmo na luz e no bem!"

Marechal Antonio José Maria Pêgo Junior
(Militares no Além)

"Paulo ensina-nos que não é a Terra a entidade suscetível de condecorar-nos com a felicidade e sim a escola que espera por nossa atitude de aprendizes mais velhos, no campo do sacrifício próprio, para melhorá-la e engrandecê-la. Não é o mundo nosso devedor e sim credor generoso a quem precisamos pagar pelo menos algumas parcelas de nossa dívida infinita."

Marechal Antonio José Maria Pêgo Junior
(Militares no Além)

PAUSA

"Às vezes, o viajor necessita descansar à sombra das árvores para meditar no caminho que os pés devoram e no futuro que o aguarda, a fim de ser reconhecido ao Altíssimo."

Emmanuel
(Iluminuras | Pérolas de sabedoria)

PAZ

"Permanecei na vossa paz com o Cristo! Embora à distância da carnificina, em sua culminante expressão, sois igualmente do mundo e ninguém poderá eximir-se ao débito coletivo. A dor visita todos os departamentos da vida terrestre, acordando os que dormem. Permanecei na vossa vigília sagrada do lar, orando e trabalhando!"

Anna Nery
(Militares no Além)

PERDOAR

"Em nosso viver na Terra, podemos observar que quem vive a condenar é quem na vida mais erra. Saibamos, pois, perdoar mil vezes, se isso requer! É esse o nosso dever, que devemos praticar! Mas não se deve esquecer, ao perdoarmos alguém, de impelir essa alma ao bem e a nunca mais ofender, ofertando-lhe os ensinos do Evangelho da verdade, que resplende, em toda idade, seus reflexos divinos. Quem tolera o seu irmão nas asperezas da vida, de uma falta cometida, faz-se digno de perdão."

João de Deus
(Lições para Angelita)

"Perdoar! Quem poderá, mergulhado no mar revolto das imperfeições terrenas, compreender, em toda a sua plenitude, a grandeza dessa palavra? Ela encerra o que há de mais luminoso e sublime dentro dos corações!"

Espírito não identificado
(Chico Xavier – A aurora de uma vida entre o Céu e a Terra)

PERFUME

"O perfume que contém princípios sublimes para restaurar o tecido vital do corpo denso e do perispírito pode igualmente ser o portador da morte, segundo a aplicação que lhe dermos."

Neio Lúcio
(Colheita do bem)

PIEDADE E PERDÃO

"Ter piedade é saber levantar o irmão infeliz, sem afastá-lo do dever, por mais rude que a sua obrigação nos pareça. Exemplificar o perdão é olvidar o mal. Exemplificar a piedade é cultivar o esforço próprio como meio de redenção."

Lésio Munácio
(Depois da travessia)

PRECE

"A prece é o curso de introdução à verdade universal e divina. Se não existe generalizada compreensão acerca de semelhante afirmativa, é que os homens viciaram-lhe o santuário, menoscabando-lhe a beleza augusta e as finalidades salvadoras. Adoremos ao Deus de Infinita Bondade com as nossas mãos no trabalho diurno e louvemos à Sua grandeza divina nas meditações noturnas."

Neio Lúcio
(Sementeira de paz)

"Prece! Doce alívio das almas sofredoras! Oásis divino, onde os espíritos, sofregamente, procuram o repouso, fonte inexaurível, onde se bebe a linfa cristalina e pura que fortalece os corações, para resistirem, vitoriosos, aos embates furiosos do mar tempestuoso de uma vida de expiações!"

Espírito não identificado
(Chico Xavier – A aurora de uma vida entre o Céu e a Terra)

"Seja a vossa prece uma luz para as estradas noturnas do sonho."

Emmanuel
(Deus conosco)

PREGAÇÃO

"(...) a nossa cartilha de pregação há de principiar com aqueles a quem Deus nos confia: nossa esposa, nosso esposo, nossos filhos, nossos pais, nossos irmãos, nossos parentes, nossos amigos... Caminharmos entre eles com a obrigação de elevá-los com o nosso próprio exemplo, através da assimilação da Doutrina abençoada que veio florir em bênçãos no campo de nossas almas."

Amintas Soares
(Registros imortais)

PREOCUPAÇÃO

"Quando as sombras da preocupação nos envolvem a alma, volvamos o olhar e o pensamento aos ideais superiores de nossa vida como quem à noite sabe contemplar as estrelas."

Neio Lúcio
(Colheita do bem)

"A preocupação de todo bom discípulo deve ser a de representar em si mesmo um instrumento fiel da vontade superior que nos preside os destinos."

Emmanuel
(Deus conosco | Pérolas de sabedoria)

PRINCÍPIO

"O bom princípio é a sementeira do bom fim. Antes da reencarnação, fazemos grandes promessas, entretanto, de retorno à carne, esquecemo-las para recapitular as lições que nos dizem respeito, conforme nosso próprio querer."

Neio Lúcio
(Sementeira de paz)

"'No princípio era a palavra', diz a Sagrada Escritura. Entretanto, cremos poder acrescentar que no fim é o exemplo criando a alegria ou a dor, a luz ou a treva, o céu ou o inferno em nós mesmos."

André Luiz
(Registros imortais)

PROBLEMA

"Não desprezemos o esforço que o problema exige e as suas dificuldades se desfarão."

Pêgo Junior
(Militares com Jesus)

"O grande problema não é o da prova ríspida: é o de vencê-la com êxito, cumprindo a vontade de Deus."

Pêgo Junior
(Militares com Jesus)

PROGREDIR

"Trabalhar e sofrer – em mil lutas, mil dores, eis que nisso consiste os sorrisos e as flores, e a beleza triunfal desta lei: progredir!"

Espírito não identificado
(Chico Xavier– A aurora de uma vida entre o Céu e a Terra)

PROSSEGUIR

"Prossiga seu caminho, confiando no Supremo Juiz, convencido de que a maré passa e o mar fica. Acima de tudo, (...) conserve a sua paz."

Pêgo Junior
(Militares com Jesus)

PROVAÇÕES

"Recorda-te que o viver no mundo de provações nos arranca imperfeições, se soubermos bem sofrer."

João de Deus
(Lições para Angelita)

PROVAS

"Antes da reencarnação, roga o espírito as lições e tarefas que julga indispensáveis à própria habilitação para a vida eterna. Dores, aflições, sacrifícios e dificuldades são categorizados, então, por bênçãos que lhe compete aproveitar em favor de si mesmo. Entretanto, vestindo a carne, olvida as promessas feitas e abomina o trabalho e a luta, desprezando os recursos capazes de sustentar-lhe a ascensão. Compreendendo, pois, que a existência na Terra é simples estágio da criatura em acanhado setor da vida, recebe a provação que o mundo te oferece por senda verdadeira."

Emmanuel
(Deus conosco)

Jhon Harley, Eugênio Eustáquio, Sérgio Santos, Geraldo Lemos Neto, Wagner de Assis e Fernando Peron durante o IV Encontro Nacional dos Amigos de Chico Xavier e sua Obra, realizado no Minascentro, em Belo Horizonte, Minas Gerais, nos dias 10 e 11 de setembro de 2011, no qual foram lançados os livros *Viajantes – A Espiritualidade iluminando sua mente e seu coração através de Chico Xavier* ("audiobook") e *Pedro Leopoldo vista por Chico Xavier – 1910/1959 - 49 anos da presença do maior médium de todos os tempos*

Carlos Baccelli, Eurípedes Higino dos Reis e Geraldo Lemos Neto no IV Encontro Nacional dos Amigos de Chico Xavier e sua Obra, realizado no Minascentro, em Belo Horizonte, nos dias 10 e 11 de setembro de 2011

RANCORES

"Não guarde rancores, nem frustrações. Cada dia que amanhece é tempo novo que nos vem nas concessões de Deus. Conserve a sua paz e não se esqueça de que você terá sempre a paz que der de você mesmo para os outros. Faça os outros felizes, a fim de que você também o seja. Não permita que contratempos do mundo lhe furtem a tranquilidade da consciência."

Luiza Xavier
(Depois da travessia)

REDENÇÃO

"Na pobreza, na dificuldade, a alma aprende a lei da redenção. No livro triste da dor aprende-se a ler o alfabeto de ouro do dever."

Emmanuel
(Iluminuras)

"Tenho conhecido muitos inquisidores, criminosos, nobres antigos que fizeram jus à expiação amarga da cegueira no plano material, sem saber como louvar a este Deus de Bondade Infinita, que em todas as oportunidades e situações oferece os recursos de redenção ao pecador da vida terrestre."

Engrácia Ferreira
(Depois da travessia)

REDIVIVO

"Redivivo, afinal, sê-lo-ás, um dia, quando a morte estes liames cortando devolver tua essência luminosa às paragens de célica harmonia; já não serás escravo miserando, mas centelha brilhante e esplendorosa!"

Chico Xavier
(Chico Xavier – O primeiro livro)

RELIGIÃO

"Religião, em sinonímia legítima, define o culto dos nossos deveres para com Deus, religando as criaturas ao Criador. Por isso, seitas religiosas, a rigor, são criações humanas, renováveis e perecíveis, como tudo aquilo que sai da experiência terrestre."

Cícero Pereira
(Registros imortais)

REMÉDIO

"A meditação com a oração constitui remédio salutar, suscetível de fornecer-te a mais ampla resistência ao espírito."

Emmanuel
(Iluminuras)

"Não creia que os muitos remédios nos ofereçam grandes vantagens. Há ocasiões em que a medicação é favorável numa porta e intrusa em outra, na intimidade da casa orgânica. Os modos e os processos espirituais de luta, acima de tudo, são os nossos recursos mais importantes!"

Ismael da Rocha
(Militares no Além)

"Esperança contente, paciência incansável, coração persistente!... Remédio ao alcance de todas as consciências, medicamentos fornecidos gratuitamente pela farmacopeia celestial, recursos que a medicina da eternidade espalha, a mãos cheias, em benefício de todos nós!..."

Ozias
(Registros imortais)

RENASCER

"Renascer... Eis a luz, eis as almas reunidas no contínuo evoluir, nessas múltiplas vidas, que o Senhor nos concede – amoroso perdão!"

Espírito não identificado
(Chico Xavier – A aurora de uma vida entre o Céu e a Terra)

RENOVAÇÃO

"Entretanto, não devemos conduzir a imaginação para qualquer faixa obscura e pessimista. Entendamos na presente renovação do mundo mais alto apelo da Esfera Superior para que o campo da evolução terrestre se incorpore à vida cósmica."

Efigênio Salles Vítor
(Registros imortais)

REPOUSO

"Como os homens que lutam e trabalham, nós, igualmente, temos aqui os nossos dias determinados de repouso. Nessas ocasiões, recebemos mensagens dos nossos maiores da Espiritualidade, exortações e conselhos amigos, como no mundo acontece com todos os que procuram o progresso através do trabalho e do esforço próprios."

Helena Maia
(Depois da travessia)

"Terminada a vossa prece, descansai o coração nas mãos divinas do Eterno. Só os que trabalham bem conseguem repousar devidamente. Valei-vos de vossas conquistas espirituais no justo aproveitamento do repouso físico."

Emmanuel
(Deus conosco)

RESGATE

"Grande é o poder divino que nos faz caminhar de século a século! Livremo-nos do mal, de modo a ganharmos tempo. Há mil modos de resgatar, porque há milhões de processos de cair, entretanto, só existe um meio de encontrar a emancipação da alma para a vida eterna – construirmos, hora a hora, dia a dia, mês a mês, o reino divino dentro do próprio coração."

Neio Lúcio
(Sementeira de paz)

RESPONSABILIDADE

"Integrados, assim, no conhecimento e na prática de nossas responsabilidades, atendamos aos nossos deveres na condição de obreiros humildes do mundo novo, colaborando cada um de nós no círculo de ação que nos é peculiar para que a nossa Doutrina, com a bênção de Deus e ao sopro renovador do Evangelho de nosso Senhor Jesus Cristo, possa, com as balizas de Allan Kardec, amparar, tanto quanto possível, a mente surpreendida e desarvorada da multidão."

Efigênio Salles Vitor
(Registros imortais)

REUNIÃO EVANGÉLICA

"Creia que uma reunião evangélica é uma fonte de águas vivas para os espíritos encarnados e muito especialmente para nós outros, os desencarnados."

Gustavo Dutra
(Depois da travessia)

REVELAÇÃO ESPIRITUAL

"Sabemos que a revelação espiritual é como uma fonte. Na nascente, a água tem um sabor específico e mais longe o líquido tem de se modificar com os elementos de seu curso, sendo razoável não nos preocuparmos, pois que toda água em movimento tanto caminha que chega ao mar purificada. E o mar, em nosso caso, é o mesmo Pai que nos deu a nascente."

Emmanuel
(Iluminuras)

RIO DE JANEIRO

"O Rio, ainda e sempre, é a nossa casa de trabalho mais ativo e eficiente, porque numa cidade de proporções tão grandes quanto a capital da nossa República encontramos verdadeiros purgatórios, em cujas labaredas frias podemos exaltar a caridade e a fraternidade na silenciosa sementeira do bem com Jesus."

Antonio José Maria Pêgo Junior
(Militares no Além)

Além de lançar o livro *O voo da garça - Chico Xavier em Pedro Leopoldo | 1910-1959*, na noite de 8 de julho de 2010, Jhon Harley foi agraciado pela Câmara Municipal de Pedro Leopoldo com a Comenda Chico Xavier, por indicação do presidente da Câmara, Sr. Reginaldo Saraiva.

Geraldo Lemos Neto na 9ª Feira do Livro de Joinville, Santa Catarina – Teatro Juarez Machado, em 13 de abril de 2012

SAÚDE

"A saúde é das maiores bênçãos que possamos desfrutar no campo da vida. Enxada milagrosa, com o seu concurso podemos cavar o solo das oportunidades, criando novos rumos de ascensão para os nossos destinos. Louvemos ao Senhor pelo equilíbrio de que nos sentimos aquinhoados. Com a harmonia do vaso, a planta pode crescer, estendendo ramos fartos para o mundo e subindo na direção do Céu."

Neio Lúcio
(Colheita do bem)

SEGUIR

"Segui, de passo firme, em vossas realizações. O Pai não deseja o extermínio de nossos ideais de trabalho. Pede apenas que conduzamos cada um deles à luz de Seu amor."

Emmanuel
(Deus conosco)

SEMENTE

"Guardai-vos do mal, para que ele não vos atinja. Lembrai-vos da boa e da má semente. No mistério insondável da germinação, elas são origem de milhares de frutos. Felizes todos aqueles que souberem efetuar a necessária escolha."

Emmanuel
(Deus conosco | Pérolas de sabedoria)

SEMENTEIRA

"Uma sementeira vastíssima aqui se desdobra no esforço iluminativo de quantos se ligam conosco na mesma esfera de esperança e de ação e, graças a Deus, o trabalho é uma bênção para cada um, constituindo sempre verdadeira glória para nós todos. Não há intervalos para a dor destrutiva, para a renúncia vazia ou para a desistência inútil. Todos nos ajustamos, agimos e servimos, formando uma abençoada legião de cooperadores do bem coletivo."

Marechal Antonio José Maria Pêgo Junior
(Militares no Além)

SERENIDADE

"Pede sempre a Deus que te conserve no íntimo a serenidade e o desassombro, necessários no desdobramento de serviços da missão que te compete realizar."

Emmanuel
(Deus conosco | Iluminuras)

SERVIÇO

"De todas as expressões de luta e esforço com que podemos assinalar a nossa jornada, o serviço é a mais alta demonstração de nosso concurso na obra divina, da qual, se somos eternos usufrutuários, devemos também ser os dedicados e atentos cooperadores."

Neio Lúcio
(Colheita do bem)

"O serviço educa, a preocupação aperfeiçoa sempre que bem orientada, as dificuldades enriquecem a experiência, a procura do melhor é a destinação de nossas atividades."

Marechal Antonio José Maria Pêgo Junior
(Militares no Além)

"Todo o serviço nobre é uma associação entre amigos encarnados e desencarnados. A morte é uma compulsória de interpretação difícil, mormente quando nos falece o preparo espiritual. Contudo, não nos exonera das obrigações de evoluir, purificar e aprender."

Roberto Ferreira
(Militares no Além)

"Não há campos de serviço definitivamente abandonados. Quando o trabalhador é capaz, fiel e digno, há sempre um campo maior e rico à espera dele e quando esse abençoado servidor renuncia ao Mais Alto, por amor aos que permanecem embaixo, o campo predileto continua dignificado por sua dedicação."

Ismael da Rocha
(Militares no Além)

"A embarcação segue, rio acima, reclamando natural-mente mais suor e mais serviço na movimentação justa. (...) quem conduz consigo valores tão altos de fé viva e confiança segura nos próprios destinos não pode, nem mesmo de leve, abandonar-se à sombra da tormenta."

Ismael da Rocha
(Militares com Jesus)

SERVIDORES

"Aqui não descansamos. Somos um plenário de servido-res, adiantando-nos, em verdade, aos companheiros da reta-guarda, mas ligados a eles à maneira das árvores que sobem para a luz, sem conseguirem, porém, ausentar-se em defini-tivo do solo que lhes acalentou as sementes."

Pêgo Junior
(Militares com Jesus)

SERVIR

"Somos chamados a servir. Haja em nossos corações a alegria de executar as boas obras, prestando os melhores serviços que somos suscetíveis de desenvolver em qualquer circunstância. Fora disso é a nossa inclinação a conflitos in-teriores, que apenas servem por desintegradores de nossas oportunidades de construção do reino superior em nós e fora de nós."

Neio Lúcio
(Colheita do bem)

SOFRER

"O que se deve aprender em nossa rude existência é sofrer com paciência, sem da nossa fé descrer."

João de Deus
(Lições para Angelita)

"Alguém sofre? Aliviemo-lo em seus pesares. Ainda que não lhe possamos prodigalizar auxílios materiais, ofertemo-lhe os nossos mais puros afetos, como irmão nosso que é, solidários na sua dor, procurando minorá-la, ainda que para isso nos custe os maiores e mais dolorosos esforços, pois é no sacrifício que se encontra o verdadeiro mérito. Nunca neguemos aquilo que de bom poderia partir de nós."

Espírito não identificado
(Chico Xavier – A aurora de uma vida entre o Céu e a Terra)

"Quem sofre resignado após a morte descansa. Quem luta sem naufragar verá, de certo, a bonança."

Casimiro Cunha
(Chico Xavier – O primeiro livro)

SOFRIMENTO

"Recebe o sofrimento como o artista guarda o bloco de pedra bruta com o objetivo de transformá-lo em estátua divina. Não tentes a isenção da dor quando necessitas ainda do seu concurso. Todas as tempestades passarão e no fundo de toda atividade ficará um ensinamento divino para a tua vida eterna."

Emmanuel
(Deus conosco)

"Devemos sempre elevar o nosso tristonho olhar às luzes do firmamento, confiando, em nossa dor, na clemência e piedade do nosso Pai de Bondade, em Seu infinito amor!"

João de Deus
(Lições para Angelita)

SOLDADO

"Necessitamos formar novo tipo de soldado – que saiba lutar dignamente, sem armas na mão, todavia, habilmente adequado, no campo interior, à vitória do bem na vida particular e nas massas do povo."

Júlio Anacleto Falcão da Frota
(Militares no Além)

SOLIDARIEDADE UNIVERSAL

"As expressões evolutivas do mundo atual reclamam das nações fortes laços fraternos e é para a solidariedade universal que a humanidade de hoje caminha com todas as suas lutas e com todos os seus sacrifícios."

Emmanuel
(Iluminuras)

SOMBRA

"Cada dia é um tesouro de luz para que o homem domine as sombras, entretanto, a maioria dos homens estima as sombras em favor do sono inútil dos sentidos, fugindo à luz. Para todos eles, contudo, o tempo é um juiz implacável, cobrando todas as perdas a dobrados preços de lei."

Neio Lúcio
(Sementeira de paz)

"Não há sombra que se eternize. Tudo é vida, força e vigor divino em nossa marcha ascensional para o bem supremo!

Ismael da Rocha
(Militares no Além)

"Alguns instantes de olhos concentrados na parte menos feliz da personalidade alheia precipitam-nos, por vezes, em longa descida à sombra"

André Luiz
(Registros imortais)

SUICIDA

"Todo o suicida presume que a morte é o fim do amargor, sem saber que o desespero é porta para outra dor."

Casimiro Cunha
(Chico Xavier – O primeiro livro)

SÚPLICAS

"Perdoa-nos os crimes da suntuosidade ao pé dos famintos que alimentavas, os delitos da usura junto aos pobres que recolhias, as paixões enlouquecedoras e insensatas com que perturbamos as almas confiantes às quais desvelavas o roteiro das alturas, e os atos de crueldade que cometemos contra todos os corações sequiosos de verdade e emancipação espiritual, que endereçavas, com a força da tua palavra e com a chama do teu exemplo, à glória flamejante dos cimos!"

Carlôto Távora
(Registros imortais)

"Reconduze as igrejas que falam e operam em teu nome à simplicidade do teu berço divino! E ensina-nos, Senhor, a humildade pura e espontânea com que havemos de esquecer a nós mesmos e seguir-te os passos na edificação do reino de Deus para sempre."

Carlôto Távora
(Registros imortais)

O "Sempre um Papo" com Carlos Baccelli teve recorde de público, com o lançamento de *Chico Xavier – O médium dos pés descalços*. O evento foi realizado no dia 16 de maio de 2011, no Palácio das Artes, em Belo Horizonte, Minas Gerais. O médium uberabense tem dois títulos publicados pela Vinha de Luz Editora

T

Equipe da Casa de Chico Xavier de Pedro Leopoldo: Jhon Harley, Geraldo Lemos Neto, Eugênio Eustáquio, Niele Lima, Ana Maria Machado, Bárbara Valeska e Wandinho Lima

TEMPESTADE

"Não permita que a tempestade penetre o aconchego de
seu clima interior. Fora de casa pode haver chuva, granizo,
gelo e vento forte, mas se acendemos a lareira do reino doméstico, tudo na intimidade é concórdia contra as intempé-
ries. Em nosso coração, poderemos fazer, simbolicamente, o
mesmo. A lareira da fé viva pode aquecer-nos se lhe susten-
tamos o calor com o lenho de nosso esforço e boa vontade.

Neio Lúcio
(Colheita do bem)

TEMPLO

"Volve ao teu templo interno abandonado – a mais alta de todas as capelas – e as respostas mais lúcidas e belas hão de trazer-te alegre e deslumbrado."

Auta de Souza
(Luz na Escola – Chico Xavier na Escola Jesus Cristo de Campos | RJ)

"(...) um templo espírita é, ao mesmo tempo, um lar de oração e um campo de ação, conjugando as realizações sublimes da alma. E é por isso que as assembleias espíritas constituem a renascença das assembleias apostólicas, em que todos somos chamados à linguagem da exemplificação no bem incessante."

Barros Fournier
(Registros imortais)

TEMPO

"Cada dia é uma divindade de vinte e quatro mãos. Cada semana é um período de sete realizações divinas. É assim que podemos prosseguir, construindo em nós, acendendo novas luzes para o nosso coração e espalhando o bem máximo com os outros. À medida que soubermos valorizar cada vez mais a bênção do tempo, cada vez mais se dilatarão as nossas possibilidades."

Emmanuel
(Deus conosco)

"O tempo passa, os dias seguem seu curso, mas venturosa é a alma que guardou o bem, que o praticou, conservando-

-lhe os princípios sagrados."

Arthur Joviano

(Sementeira de luz | Pérolas de sabedoria)

"É imprescindível confiar ao tempo certos problemas, tanto quanto é necessário dar ao calor do forno o vaso de barro cru. Quem resistirá à lição dos anos? Quem? Que eu saiba, ainda não vi coração que as horas não modificassem."

Neio Lúcio

(Colheita do bem)

"Louvemos o patrimônio do tempo com que o Pai nos enriqueceu a experiência da vida na escola terrena. Um ano que se finda é um tesouro que nos concedeu de conhecimentos e oportunidades para utilização das bênçãos da mente iluminada pelo nosso mestre Jesus. Um ano que se inicia é uma nova possibilidade que se abre para que busquemos as riquezas da espiritualidade.

João de Deus Macário

(Depois da travessia)

"Esteja o vosso tempo cheio de bênçãos e luzes, tanto quanto desejamos esteja repleto o nosso tempo aqui. Fortaleça-nos o Senhor, já que somos fracos na edificação do seu divino reino. Ilumine-nos a sua graça, já que ainda não nos foi possível expulsar todos os resquícios de sombras do passado, que nos povoam o coração. Use-nos o Mestre como seus instrumentos fiéis, já que entre as incertezas da luta em que vivemos, tanto aí, em vosso plano, quanto nesta esfera de trabalho que vos é imediata, e onde nos movimentamos sem o corpo físico, nem fácil é conhecer a direção justa a ser adotada. Que o Pai nos abençoe e proteja."

Emmanuel

(Deus conosco | Iluminuras)

TERRA

"A vida na Terra é um aprendizado de grandes proporções. Cada família é 'uma embarcação', povoada de tripulantes diversos. É imprescindível saibamos enfrentar as tempestades, de ânimo sereno, para que possamos alcançar o porto da paz."

Neio Lúcio

(Colheita do bem)

"Aperfeiçoar nossa terra nos impositivos do progresso material é, sem dúvida, inestimável serviço. Contudo, prepará-la, diante do futuro, revigorando-lhe os fundamentos morais em bases sadias de Cristianismo renovado, é tarefa ainda mais nobre, mais elevada!"

Júlio Anacleto Falcão da Frota

(Militares no Além)

"A Terra é o nosso reduto multimilenário de santas experiências e quantos de seus filhos que as desenvolvem no conhecimento ou na virtude a ela retornam mais cedo ou mais tarde para a continuação do serviço que lhe devemos? É assim que nos movemos além de vocês, orientados em superiores propósitos de resgatar os nossos velhos débitos!"

Antonio José Maria Pêgo Junior

(Militares no Além)

"De fato, a Terra vê-se à frente de uma era nova. Sacudida pelo alvião científico, sente-se a mente do mundo abalada nos alicerces. É o progresso em todas as direções, conclamando os homens ao despertamento espiritual para a vastidão soberana da vida."

Efigênio Salles Vítor
(Registros imortais)

TESOURO

"Guarde intacto o seu tesouro de compreensão e esperança, sua bússola de fé viva, suas concepções de serenidade e de reto pensamento."

Neio Lúcio
(Sementeira de paz)

TESTEMUNHO

"O testemunho é sempre solitário. Jesus orava no monte sem a presença de companheiros. Recorreu, muita vez, ao deserto, orou no horto aparentemente sem ninguém e embora houvessem três cruzes no Calvário uma só era dele, porque as outras pertenciam a ladrões. Não existe outro recurso para o acesso à verdadeira luz. Paulo sentiu a gloriosa visão que chegou às portas de Damasco cercado de três irmãos que nada viam e esteve absolutamente só nas catacumbas para o sacrifício supremo. O trabalho é da humanidade. A missão pode incluir muita gente em suas atividades, a obra pode, às vezes, representar o esforço de muitos, mas o testemunho é, invariavelmente, de um só."

Emmanuel
(Deus conosco)

TORMENTA

"Não há tormentas eternas. Todo obstáculo é ensinamento, assim como toda dor é advertência."

Neio Lúcio
(Colheita do bem)

TRABALHADOR

"Um novo exército de trabalhadores se arregimenta, em toda parte. Para ele, os governos podem modificar todas as disposições e todas as estruturas dos estados humanos. A tirania ou a força só poderão apressar a execução de sua tarefa sublime, porque o seu esforço é de perfeição de cada um para as grandezas imortais de um só reino com Jesus Cristo no coração e no espírito de todos."

Emmanuel
(Luz na Escola – Chico Xavier na Escola Jesus Cristo de Campos | RJ)

"Digno é o trabalhador do salário que lhe compete e a serenidade é também remuneração, apenas com a diferença razoável de que só o Pai pode outorgá-la, como é de justiça. Procurai-a cada vez mais e que o Senhor nos ajude a todos."

Emmanuel
(Deus conosco)

TRABALHAR

"Trabalhemos, confiantemente, com tenacidade e amor na seara de Jesus, para que nos tornemos dignos da felicidade imortal que Deus nos reserva."

Espírito não identificado
(Chico Xavier – A aurora de uma vida entre o Céu e a Terra)

"Trabalha. Luta. Esclarece. Prossegue no seu labor. Jesus estará contigo no esforço consolador."

Casimiro Cunha
(Luz na Escola – Chico Xavier na Escola Jesus Cristo de Campos | RJ)

TRABALHO

"Haja o que houver, haverá sempre luz e realização, pão da luta benéfica e água viva de fé, solucionando seus problemas de trabalhador dedicado e sincero."

Arthur Joviano
(Sementeira de luz | Pérolas de sabedoria)

"Trabalha sempre, querida, é uma oficina a criação! O trabalho é a oração mais sublime em nossa vida! E em meio dos gozos sãos não deixes no esquecimento os filhos do sofrimento, pois são, também, teus irmãos."

João de Deus
(Lições para Angelita)

"O campo de trabalho é infinito e o servo de Jesus precisa muita ponderação para não ceder ao entusiasmo de corações outros, mais dedicados à sensação do minuto que passa que ao entendimento que fica."

Neio Lúcio
(Sementeira de paz)

"O homem distraído do trabalho individual desvia-se inevitavelmente para o terreno baldio das ilusões, ilusões que se estendem aos entes que lhe são mais queridos, cegando a assembleia familiar de mil modos, eclipsando-lhe a visão justa das situações e das coisas."

Neio Lúcio
(Sementeira de paz)

"Vocês não imaginam como trabalhamos neste outro lado da vida! Junto de alguns companheiros, ali procuramos incutir no espírito das criancinhas as noções do bem, da justiça, da tolerância e da caridade. Junto dos diretores e dos mestres, é igualmente sensível a nossa ação, auxiliando-os na grande tarefa de cooperar para a formação da mentalidade cristã, que deverá florescer nas épocas futuras."

Helena Maia
(Depois da travessia)

"Há em derredor de nossos passos verdadeiros mundos de trabalho esperando-nos a colaboração. E quando não nos é possível agir com os pés e com as mãos, o pensamento é poderosa alavanca com que nos cabe atuar incessantemente para o bem dos que nos cercam e de nós mesmos."

Marechal Antonio José Maria Pêgo Junior
(Militares no Além)

"Todo trabalho útil será efetuado em favor de nós mesmos, porque as gerações de hoje são os povos de ontem e as famílias do porvir. O que construirmos de bom será adjudicado a nós mesmos."

Emmanuel
(Deus conosco)

"Ofereçamos, assim, a nossa existência à Obra da Sublimação, através do trabalho incessante sobre os alicerces da boa vontade e da fé viva, e, indiscutivelmente, seremos aproveitados pelo divino Orientador na construção do bem de todos para que o reino do Senhor possa, efetivamente, brilhar para a felicidade eterna dos homens na Terra de amanhã."

Emmanuel
(Deus conosco)

TRANQUILIDADE

"Recolhei-vos à paz da obrigação bem cumprida. Atendestes ao dever da lavoura espiritual. Plantastes e colhestes, nos diversos setores em que se desdobram vossas meditações e orações. Repousai, pois, na paz do Senhor Jesus."

Emmanuel
(Iluminuras)

TÚMULO

"Grande massa de nossos companheiros se demora, depois do túmulo, na posição de doente mental, repleto de fobias indefiníveis, de pensamento encarcerado a objetos e paisagens que a voragem dos anos tragou desde muito tempo. Cristalizam-se no particularismo inferior a que se filiam na Terra e não possuem aqueles 'olhos de ver' e os 'ouvidos de ouvir', a que se reporta o Mestre dos mestres na Boa Nova inesquecível."

Neio Lúcio
(Sementeira de paz)

"As vozes dos túmulos falam agora, sobre a Terra, de uma vida nova. Por detrás dos sepulcros, uma outra experiência começa. Uma alvorada resplandecente irradia a sua luz em promessas divinas, emergindo dos abismos da morte, e junto de vossos corações eu entoo também o meu hino."

Nina Arueira
(Luz na Escola – Chico Xavier na Escola Jesus Cristo de Campos | RJ)

Gustavo Capanema com Maria José Cunha, autora do livro *Isabel – A mulher que reinou com o coração*, lançado em 8 de julho de 2012, na Casa de Chico Xavier de Pedro Leopoldo, Minas Gerais. O quadro leva a assinatura da artista plástica Amarilis Chaves, retratando a aparição da Rainha Santa Isabel de Aragão a Chico Xavier em 10 de julho de 1927

Geraldo Lemos Neto, Luis Antônio Ferraz e Pedro Vaquer Brunet durante a gravação do episódio #12 do PodSaber Especial "Recordando Chico Xavier – Sem fronteiras" na Casa de Chico Xavier de Pedro Leopoldo

UNIÃO

"Mestre, seja a união fraternal de teus trabalhadores o último apelo! Que os nossos irmãos desenvolvam a tarefa santificada que lhes foi cometida sob a fraternidade verdadeira e sincera, onde cada discípulo compreenderá sempre que o maior para o teu coração será sempre aquele que se fizer o menor de todos os teus ensinos."

Emmanuel
(Luz na Escola – Chico Xavier na Escola Jesus Cristo de Campos | RJ)

UNIVERSO

"A nossa atitude imprópria, nessa ou naquela circunstância, altera o ambiente que estimaríamos perfeito no aproveitamento real do dia. Quando o otimismo e a confiança reinam entre todos, o domicílio material, que no fundo é o ninho ou o santuário das almas, se reveste de belas cores, possibilitando-nos mais ampla aproximação de espírito a espírito, porque a paz e a alegria produzem forças sumamente salutares em paisagens de grande beleza, mesmo entre os encarnados. Todavia, quando a irritação se amplifica de alguém num lar e consegue firmar-se, o 'ambiente adoece'. O templo familiar se povoa de uma neblina, impalpável para vocês na posição vibratória em que se encontram, mas muito pesada e desagradável para nós, impedindo-nos, às vezes, por vários dias, mais ampla clareza na influenciação direta ou indireta."

Neio Lúcio
(Colheita do bem)

Lançamento do livro *Chico Xavier com você*, no dia 11 de julho de 2013, na Casa de Chico Xavier de Pedro Leopoldo, Minas Gerais. Na foto, em sentido horário, Antônio Fontana, Ana Maria Machado, Carlos Baccelli, Jhon Harley, Ertúzio de Souza Calazans (em oração), José Roberto e Rafael Lavarini, de Sete Lagoas. Ao fundo, à direita, Hélcio Marques, zelador da Casa de Chico Xavier

Integrantes do Portal Saber e da Kardec Radio (EUA) na Casa de Chico Xavier de Pedro Leopoldo. Da esquerda para a direita, em segundo plano: Henrique Lisboa, Guilherme de Barros, o casal Carlos Dias e Vanessa Anseloni, Dauro Mendes, Denis Perdigão, Hélcio Marques, Geraldo Lemos Neto e Marco Gandra. Em primeiro plano: Silvana Saldanha, Lívia Dias e Marconi Gomes. A fotografia foi feita por Luis Sérgio Marotta

VALORES

"A confiança em Deus, com aproveitamento dos valores divinos nas lições de cada dia, é a única estrada de acesso às regiões superiores da vida."

Arthur Joviano
(Sementeira de luz | Pérolas de sabedoria)

VENCEDOR

"Não menosprezemos os tropeços da marcha e sim aprendamos a usá-los em nosso próprio benefício, porque, superando problemas e desencantos, venceremos nossas velhas fraquezas..."

Emmanuel
(Iluminuras)

VENTURA

"A maioria das criaturas procura a tranquilidade e o ideal onde não se encontram. A verdadeira ventura está na tolerância mútua, na aliança poderosa de duas almas que se completam para o bom combate."

Neio Lúcio
(Sementeira de luz)

VERBOS

"Os verbos dirigir, orientar e governar implicam ação ativa e criteriosa. Não se dirige coisa alguma deixando-se governar por elementos estranhos aos objetivos do serviço que devemos realizar."

Marechal Antonio José Maria Pêgo Junior
(Militares no Além)

VIAGEM

"Guarde o espírito claro, as ideias serenas, o sentimento firme e continuaremos a viagem. O porto do reajustamento surgirá dentro em breve."

Pêgo Junior
(Militares com Jesus)

VIDA

"(...) a vida é um conjunto de grandes demonstrações do poder de Deus, mas essas grandes revelações se ajustam em pequeninos detalhes que jamais se deve esquecer."

Arthur Joviano

(Sementeira de luz | Pérolas de sabedoria)

"A vida humana é uma longa preparação para a vida mais alta. Desde que a alma se reveste de roupagem carnal, outra ação, no fundo, não desempenha acima do curso preparatório à frente da Espiritualidade."

Neio Lúcio

(Sementeira de paz)

"Grande é a vida e a vida não cessa. É preciso seguir sempre, muitas vezes violentando as fibras da própria alma, seguir sobre os próprios ídolos quebrados, mas avançar ao encontro do ideal divino que o nosso espírito imperecível plasma, em silêncio, no espaço e no tempo, na 'intimidade' do Pai."

Engrácia Ferreira

(Depois da travessia)

VIDA NO ALÉM

"Aqui, minha boa Maria, ainda necessitamos de alimentos e de muitas outras coisas que caracterizavam aí no mundo a nossa humana natureza. Tenho também, como vocês, períodos de descanso entre as atividades que tenho de desenvolver, em cooperação com os nossos irmãos auxiliares dos que militam na Terra, na grande tarefa da caridade cristã. Um dos fatos mais interessantes é que nunca podemos vir sozinhos ao orbe terrestre, enquanto não somos senhores de nossas emoções e para que se verifique a nossa educação nesse particular temos aqui as escolas de mensageiros."

Helena Maia
(Depois da travessia)

VIGILÂNCIA

"Enquanto o mundo se perde em lutas dispersivas e inglórias, procuremos edificar os nossos corações na oração e na vigilância em Jesus."

Emmanuel
(Deus conosco | Pérolas de sabedoria)

VOLTAR

"Um homem nunca pode voltar aos caminhos que trilhou em criança com as mesmas vestes. A paisagem é sempre real, principalmente quando estacionária em pleno campo da vida, mas o viajor oferece outro aspecto."

Marechal Antonio José Maria Pêgo Junior
(Militares no Além)

A Casa de Chico Xavier de Pedro Leopoldo foi agraciada em 25 de outubro de 2011, na sede da Federação das Indústrias de Minas Gerais (Fiemg), com o *Prêmio Primeira Linha Especial 2011*, na categoria *Ouro*, em reconhecimento aos serviços prestados à cultura mineira e brasileira, pela divulgação da vida, obra e exemplos de humanidade de Chico Xavier

Hélcio Marques, zelador da Casa de Chico Xavier de Pedro Leopoldo, Minas Gerais

Referências
bibliográficas

O livro *Era uma vez para sempre*, de Carlos Malab, por Blandina, é o primeiro livro infanto-juvenil editado pela Vinha de Luz

A obra póstuma de Martins Peralva, lançada ao final de 2009, marcou o início das comemorações do centenário de nascimento de Chico Xavier, em 2010

XAVIER, Francisco Cândido; WEGUELIN, João Marcos (Org.). *Chico Xavier - A aurora de uma vida entre o céu e a terra*. Ditado por espíritos diversos. Belo Horizonte: Vinha de Luz Editora, 2012.

XAVIER, Francisco Cândido; NETO, Geraldo Lemos; GONÇALVES, Sérgio Luiz Ferreira (Orgs.). *Chico Xavier - O primeiro livro*. Ditado por espíritos diversos. Belo Horizonte: Vinha de Luz Editora, 2010.

XAVIER, Francisco Cândido; JOVIANO, Wanda Amorim (Org.). *Colheita do bem*. Ditado pelo espírito Neio Lúcio. Belo Horizonte: Vinha de Luz, 2010.

XAVIER, Francisco Cândido; NETO, Geraldo Lemos; JOVIANO, Wanda Amorim (Orgs.). *Depois da travessia*. Ditado por espíritos diversos. Belo Horizonte: Vinha de Luz Editora/Didier, 2013.

XAVIER, Francisco Cândido; NETO, Geraldo Lemos; JOVIANO, Wanda Amorim (Orgs.). *Deus conosco*. Ditado pelo espírito Emmanuel. 3. ed. Belo Horizonte: Vinha de Luz Editora, 2010.

XAVIER, Francisco Cândido; SOUZA, Cezar Carneiro de (Org.). *Iluminuras*. Ditado pelos espíritos Emmanuel e Neio Lúcio. 2. ed. Belo Horizonte: Vinha de Luz Editora, 2013.

XAVIER, Francisco Cândido; WEGUELIN, João Marcos (Org.). *Lições para Angelita*. Ditado pelo espírito João de Deus. Belo Horizonte: Vinha de Luz Editora, 2012.

XAVIER, Francisco Cândido; TAVARES, Clóvis; TAVARES, Flávio Mussa (Orgs.). *Luz na Escola - Chico Xavier na Escola Jesus Cristo de Campos | RJ*. Ditado por espíritos diversos. Belo Horizonte: Vinha de Luz, 2010.

XAVIER, Francisco Cândido; JOVIANO, Wanda Amorim (Org.). *Militares no além*. Ditado por espíritos diversos. Belo Horizonte: Vinha de Luz Editora, 2008.

XAVIER, Francisco Cândido; SOUZA, Cezar Carneiro de (Org.). *Militares com Jesus*. Ditado por espíritos diversos. Belo Horizonte: Vinha de Luz Editora, 2013.

XAVIER, Francisco Cândido; MARQUES, Braz José (Org.). *Pérolas de sabedoria*. Ditado pelos espíritos Emmanuel e Neio Lúcio. Belo Horizonte: Vinha de Luz Editora, 2009.

XAVIER, Francisco Cândido; MARQUES, Braz José (Org.). *Pérolas de sabedoria*. Ditado pelo espírito Neio Lúcio. Belo Horizonte: Vinha de Luz Editora, 2014.

XAVIER, Francisco Cândido; SANTOS, Eugênio Eustáquio (Org.). *Registros imortais*. Ditado por espíritos diversos. Belo Horizonte: Vinha de Luz Editora, 2013.

XAVIER, Francisco Cândido; JOVIANO, Wanda Amorim (Org.). *Sementeira de luz*. Ditado pelo espírito Neio Lúcio. 4. ed. Belo Horizonte: Vinha de Luz Editora, 2012.

XAVIER, Francisco Cândido; JOVIANO, Wanda Amorim (Org.). *Sementeira de paz*. Ditado pelo espírito Neio Lúcio. Belo Horizonte: Vinha de Luz Editora, 2010.

Livros de Geraldo Lemos Neto pela União Espírita Mineira e Editora Folha Espírita

Réstia de luz e *Ignácio de Antioquia*: as duas primeiras edições da Vinha de Luz Editora, psicografadas por Geraldo Lemos Neto

Geraldo Lemos Neto autografando o livro "Colheita do bem", lançado em 2010, durante o encerramento das comemorações do centenário de nascimento de Chico Xavier

*A*nexo A

A Vinha de Luz Editora da Casa de Chico Xavier de Pedro Leopoldo

– ANTECEDENTES –

Geraldo Lemos Neto dedica-se ao trabalho do livro espírita desde 1984, estimulado pelo médium e amigo Francisco Cândido Xavier. Entre 1984 e 1995, ocasião em que esteve compondo a diretoria da União Espírita Mineira (UEM), sob a presidência de D. Neném Aluotto, foi fundado o departamento editorial da federativa mineira sob a sua direção e seu objetivo definido era justamente o de trazer a lume mensagens psicografadas por Chico Xavier, ainda inéditas no campo editorial. Assim, na sequência, surgiram as seguintes obras mediúnicas de Chico Xavier: BASTÃO DE ARRIMO, pelo espírito de William Machado de Figueiredo, APELOS CRISTÃOS, pelo espírito de Dr. Adolfo Bezerra de Menezes,

ACEITAÇÃO E VIDA, pelo espírito de Margarida Soares, RO-SEIRAL DE LUZ, por espíritos diversos, PÉTALAS DA PRIMA-VERA, por espíritos diversos, FULGOR NO ENTARDECER, por espíritos diversos, MIGALHA, pelo espírito de Emmanuel, e as obras biográficas PRESENÇA DE CHICO XAVIER EM ARAXÁ, organizada por D. Sylvia de Almeida Barsante e CHICO XAVIER – MANDATO DE AMOR, organizado por Geraldo Lemos Neto, contendo psicografias de Chico, de espíritos diversos. Foram ainda editadas sob a sua coordenação a obra MENSAGEIROS DO BEM, de Martins Peralva, que estuda o livro OS MENSAGEIROS, de Chico Xavier, pelo espírito de André Luiz, e BASES DO ESPIRITISMO, obra de estudo doutrinário, de Jarbas Leone Varanda.

– CHAMADO ESPIRITUAL –

Na madrugada entre os dias 16 e 17 de abril de 2003, estando já ausente do trabalho editorial por 8 anos, Geraldo Lemos Neto teve singular desdobramento espiritual que lhe alterou sobremaneira o destino. Encontrou-se inicialmente com seu tio-avô Zeca Machado, seu guia espiritual, por informação de Chico Xavier, que o convidou a se encontrar com o espírito liberto de Chico Xavier nas cercanias da Praça da Liberdade, em Belo Horizonte | MG. Os dois para lá se dirigiram para um comovente reencontro com Chico Xavier e Neném Aluotto, ambos já desencarnados. Na ocasião, o convite ao trabalho do livro espírita foi novamente feito e, retornando ao corpo físico, Geraldo Lemos Neto guardou todos os detalhes do tríplice encontro, traçando, a partir daí, novos rumos para o porvir. Esse fato foi ainda corroborado pela confirmação de dois outros médiuns, que no mesmo dia sonharam com situações semelhantes em torno da tarefa do livro. Ivanir Severino da Silva, médium e dirigente da Fraternidade Espírita Cristã Francisco de Assis (Fecfas), telefonou no dia seguinte relatando um sonho que tivera. Estava se encaminhando espiritualmente para rever Chico Xavier, quando, a meio caminho, deparou-se com Geraldo Lemos Neto rodeado de D. Neném Aluotto e de sua avó Carmem Machado dos Santos. Os três retornavam de um encontro com Chico na Espiritualidade e traziam os braços cheios de livros. Perguntando a D. Neném que livros seriam aqueles, ela respondeu a Ivanir que eram os livros que seriam publicados na Terra no futuro próximo, a pedido de Chico Xavier. Outra médium, Noêmia Barbosa da Silva, amiga íntima da família e conhecida carinhosamente por Nona, também lhe telefonou no dia seguinte para lhe relatar seu próprio encontro com Chico Xavier na Espiritualidade. Numa casa ampla, de vastas janelas, Chico estava sentado à mesa revirando papéis de mensagens psicografadas por ele. Ao ver Nona chegar, convidou-a a sentar-se com ele, enquanto separava as mensagens e formava, com elas, vários pacotes. Nona perguntou o que estava fazendo e Chico respondeu-lhe: "Estou separando estas mensagens para que Geraldinho as receba e as transforme em livros na Terra!"

– REENCONTRO –

Logo surgiu o contato de seu colega de diretoria na União Espírita Mineira ao tempo de D. Neném Aluotto e Martins Peralva, o amigo Antônio Roberto Fontana, que sugeriu a Geraldinho sua aproximação com a Fraternidade Espírita Cristã Francisco de Assis, sob a direção do médium Ivanir Severino da Silva. Num domingo, os três lá se encontraram na presença da secretária Tânia Reis. Ivanir e Geraldinho não se viam há 20 anos, companheiros que haviam sido da Mocidade Espírita O Precursor, da União Espírita Mineira. Foi um encontro de emoção, onde as saudades de Chico Xavier e de D. Neném Aluotto foram a tônica. O encontro se deu justamente no setor da Fecfas onde está instalado o Memorial Chico Xavier. Ali foram lançadas as bases da fundação da nova editora, que surgiria como um novo departamento da instituição.

– DEFINIÇÃO DO NOME –

Mais alguns dias se passaram até que surgisse a inspiração do nome da nova editora: em homenagem a um dos livros da célebre coleção do espírito de Emmanuel, pela abençoada psicografia de Chico Xavier, e que comentam o Evangelho de Jesus à luz da Doutrina Espírita, integrante da série CAMINHO, VERDADE E VIDA, editada pela Federação Espírita Brasileira (FEB), o departamento editorial foi denominado VINHA DE LUZ. A partir daí, com a definição do nome, houve a composição de sua estrutura básica de funcionamento com a convocação dos antigos amigos e colaboradores de Geraldo Lemos Neto na tarefa do livro, nos tempos da UEM: Luiz Augusto da Costa e Célia Maria de Oliveira Soares. Os livros, então, começaram a surgir.

– OUTRA INSPIRAÇÃO ESPIRITUAL –

Em outro desdobramento espiritual, Geraldo Lemos Neto se encontrou para conversar com Chico Xavier num banco de florida praça. Chico então lhe falou: "Você precisa conhecer Wanda Joviano!" Chico repetiu esse nome vagarosamente por três vezes. Geraldinho acordou com aquela frase do Chico na cabeça. Durante três meses ele procurou por alguma Wanda Joviano em Belo Horizonte, Pedro Leopoldo e São Paulo, sem obter sucesso algum. Conversando com um amigo, este ocasionalmente lhe segredava que sua família tinha uma "guru" espiritual, uma pessoa muito ligada a Chico Xavier nos tempos de Pedro Leopoldo. Quando perguntou pelo seu nome veio a resposta inesperada: Wanda Joviano! O contato fraterno e amigo logo se estabeleceu entre ambos, em perfeita sintonia com a tarefa da divulgação espírita. Wanda Joviano, filha do casal Dr. Rômulo Joviano e D. Maria Amorim Joviano, trabalhou ao lado do Chico por longos anos na Fazenda Modelo de Pedro Leopoldo. Lá, na residência da família Joviano, Chico Xavier psicografou vários de seus romances mediúnicos, além de participar semanalmente do culto do Evangelho no lar do Grupo Doméstico Arthur Joviano. Wanda mostrou a Geraldinho as centenas, senão milhares de mensagens ainda inéditas da psicografia de Francisco Cândido Xavier. Estavam lançadas as bases para o trabalho perene do Vinha de Luz - Serviço Editorial e que desde o mês de agosto de 2010 passou a ser divulgado como VINHA DE LUZ EDITORA.

Funcionários, colaboradores e voluntários da Vinha de Luz Editora da Casa de Chico Xavier de Pedro Leopoldo, lotados no escritório de Belo Horizonte: Tânia Reis, Beatriz Garcia, Wagner Soares, Denise Mansur, Flávia Correa, Cristina Guimarães, Eugênio Eustáquio dos Santos, Gilberto Bráz, Ivan de Sousa, Luiz Carlos Silva, Giovani Vieira Guimarães, Etel Pires, Cláudio Biron e Ailton Tomáz

Leia também

Wanda Amorim Joviano, lançando o livro "Colheita do bem", em 19 de dezembro de 2010, na Casa de Chico Xavier de Pedro Leopoldo, Minas Gerais, durante o encerramento das comemorações do centenário de nascimento de Chico Xavier

SEMENTEIRA DE LUZ

Voltando à Terra no século XIX, Neio Lúcio encarna a personalidade de Arthur Joviano, cujo núcleo familiar, em missão redentora de um passado longínquo, conta com as presenças de personagens descritos nos romances *50 anos depois* e *Renúncia*. Desprendido em 1934, Neio Lúcio inicia sua comunicação com a família, através da mediunidade de Chico Xavier, em reuniões semanais de culto evangélico na casa de Rômulo Joviano, em Pedro Leopoldo | MG. As mensagens, repletas de sabedoria e amor extremado por todos aqueles com os quais conviveu, são bem a confirmação dos compromissos reparadores que assumimos na Espiritualidade, alicerçados nos ensinamentos de Jesus para nos tornarmos legítimos semeadores da Boa Nova.

PELO ESPÍRITO NEIO LÚCIO
PSICOGRAFIA DE FRANCISCO CÂNDIDO XAVIER
ORGANIZAÇÃO DE WANDA AMORIM JOVIANO

DEUS CONOSCO

Deus conosco é o livro que dá sequência às revelações espirituais inéditas da psicografia de Francisco Cândido Xavier, trazidas a lume pela prestimosa organização de Wanda Amorim Joviano, com a colaboração de Geraldo Lemos Neto. As mensagens, recebidas em sua maioria no culto doméstico do Evangelho no lar da família Joviano, nas décadas de 30 a 50, na Fazenda Modelo, em Pedro Leopoldo | MG, são de autoria de Emmanuel, o espírito responsável pela materialização da extensa bibliografia que tanto esclarecimento e consolação verteram da Vida Maior para a face da Terra, através das abnegadas mãos de Chico Xavier. Deus conosco nos traz de volta ao convívio os memoráveis discípulos do Cristo, ligados desde priscas eras, cuja missão foi a da revivescência do Cristianismo puro e simples dos tempos apostólicos, no coração humilde e generoso das terras pacíficas do Brasil.

PELO ESPÍRITO EMMANUEL
PSICOGRAFIA DE FRANCISCO CÂNDIDO XAVIER
ORGANIZAÇÃO DE WANDA AMORIM JOVIANO E
GERALDO LEMOS NETO

Leia também

MILITARES NO ALÉM

Dentre os tesouros guardados por Wanda Amorim Joviano, MILITARES NO ALÉM, da lavra de Chico Xavier nos anos de 36 a 52, no mínimo surpreende pela atualidade das mensagens em torno da paz que a humanidade do século XXI tanto anseia. Fruto da sua ingente dedicação no desdobre das tarefas mediúnicas no culto do lar realizado durante muitos anos pelo *Grupo Doméstico Arthur Joviano*, na Fazenda Modelo, em Pedro Leopoldo | MG, esse livro relata, na perspectiva espiritual de muitos servidores da pátria, a realidade consoladora do *outro lado*, onde o trabalho pelo bem não cessa e a esperança é sentimento que inspira a vitória do amor preconizado por Jesus.

ESPÍRITOS DIVERSOS
PSICOGRAFIA DE FRANCISCO CÂNDIDO XAVIER
ORGANIZAÇÃO DE WANDA AMORIM JOVIANO

ILUMINURAS

ILUMINURAS é a primeira publicação de bolso da Vinha de Luz Editora. É composta de pensamentos e frases extraídos do livro *Deus conosco*, do venerável espírito Emmanuel, psicografado por Francisco Cândido Xavier nas décadas de 30 a 50, durante o culto cristão no lar do Dr. Rômulo Joviano, na Fazenda Modelo, em Pedro Leopoldo | MG. A riqueza dos ensinamentos evangélicos apresentados na obra fala por si só e atesta o amparo de nosso Senhor Jesus Cristo à divulgação da Doutrina Espírita, codificada pelo apóstolo Allan Kardec.

PELO ESPÍRITO EMMANUEL
PSICOGRAFIA DE FRANCISCO CÂNDIDO XAVIER
ORGANIZAÇÃO DE CEZAR CARNEIRO DE SOUZA

SEMENTEIRA DE PAZ

Volume que dá sequência ao roteiro de revelações espirituais do espírito de Neio Lúcio, que em última romagem terrena envergou a personalidade de Arthur Joviano, pai de Dr. Rômulo Joviano, diretor da Fazenda Modelo em Pedro Leopoldo | MG, onde Chico Xavier trabalhou por largos anos. As mensagens nele contidas surgiram espontaneamente pela psicografia de Chico Xavier a partir de 1935, na residência da família Joviano, na própria Fazenda Modelo, durante o culto do Evangelho no lar do *Grupo Doméstico Arthur Joviano*, a que Chico prazerosamente se dirigia depois de findos os seus trabalhos diuturnos, dando a *Deus o que é de Deus* após dar a *César o que é de César*. Recebidas por Chico Xavier de 1946 a 1948, as mensagens de Neio Lúcio foram batizadas de SEMENTEIRA DE PAZ, sendo esse novo livro, organizado por Wanda Joviano, dedicado ao centenário de nascimento de Chico Xavier (1910-2010), o *medianeiro do amor*.

PELO ESPÍRITO NEIO LÚCIO
PSICOGRAFIA DE FRANCISCO CÂNDIDO XAVIER
ORGANIZAÇÃO DE WANDA AMORIM JOVIANO

COLHEITA DO BEM

A autoria desse livro pertence ao professor Arthur Joviano, o estimado benfeitor espiritual que todos nós conhecemos com o nome de Neio Lúcio, personagem do romance *50 anos depois*, de quem recebemos valiosos ensinamentos dirigidos ao espírito imortal que vai vencer a morte e transpor os séculos. Chico Xavier psicografou as mensagens do livro durante o culto do Evangelho no lar da família Joviano, na Fazenda Modelo em Pedro Leopoldo, onde trabalhava. No *Colheita do bem* estão as páginas recebidas nos anos de 1949 a 1952, sendo, portanto, as últimas psicografadas na Fazenda Modelo, uma vez que em 1952 a família Joviano transferiu definitivamente sua residência para a cidade do Rio de Janeiro. *Colheita do bem* finaliza a série iniciada com o livro *Sementeira de luz*, seguido pelo *Sementeira de paz* — formando uma verdadeira trilogia da luz, da paz e do bem maior, que a todos nos une no carreiro da evolução espiritual para Deus.

PELO ESPÍRITO NEIO LÚCIO
PSICOGRAFIA DE FRANCISCO CÂNDIDO XAVIER
ORGANIZAÇÃO DE WANDA AMORIM JOVIANO

Leia também

LUZ NA ESCOLA —
CHICO XAVIER NA ESCOLA JESUS CRISTO
DE CAMPOS | RJ

Esse é um livro de Francisco Cândido Xavier, com mensagens psicografadas por ele durante visita de quatro dias à Escola Jesus Cristo, em Campos | RJ, em 1940. Contém comentários de seu organizador, Clóvis Tavares, testemunha ocular de todos os fenômenos ali ocorridos. Os textos desse volume representam uma reedição da sua primeira, pequena, única e esgotada edição, feita também em 1940, publicação de caráter doméstico da Escola Jesus Cristo, agora reeditada pela Vinha de Luz, que desempenha hoje um papel ímpar no resgate histórico da produção mediúnica de Chico Xavier.

ESPÍRITOS DIVERSOS
PSICOGRAFIA DE FRANCISCO CÂNDIDO XAVIER
ORGANIZAÇÃO DE CLÓVIS TAVARES E FLÁVIO MUSSA TAVARES

VIAJANTES —
A ESPIRITUALIDADE ILUMINANDO SUA MENTE E
SEU CORAÇÃO ATRAVÉS DE CHICO XAVIER

Primeiro audiolivro da Vinha de Luz Editora, esse CD reúne 20 mensagens de espíritos diversos, psicografadas por Chico Xavier ao longo de seus 75 anos de labor mediúnico. Com um sugestivo título-tema e trilha sonora de rara beleza, VIAJANTES, organizado e interpretado por Fernando Peron, é um incentivo ao estudo sério e aprofundado de tão extraordinário patrimônio filosófico, científico e religioso legado a nós pelas mãos operosas e abençoadas de Chico Xavier.

ESPÍRITOS DIVERSOS
PSICOGRAFIA DE FRANCISCO CÂNDIDO XAVIER
ORGANIZAÇÃO E INTERPRETAÇÃO DE FERNANDO PERON

EDIÇÃO ESPECIAL

CHICO XAVIER — O PRIMEIRO LIVRO

Vinte anos antes de sua desencarnação, Chico Xavier revelou que sempre guardou no íntimo o desejo de publicar as belas produções mediúnicas que os amigos espirituais escreviam por seu intermédio, nos idos dos anos 20. Curiosamente, Chico confeccionava, com suas próprias mãos e com grande esforço, alguns exemplares com a finalidade de despertar os amigos para a possibilidade de um livro. Face à pobreza material com a qual vivia, ao médium restava a esperança de que algum desses amigos se interessasse pelo tema e, talvez, movimentasse os recursos necessários para uma publicação. De suas primeiras produções manuais, contendo, inclusive, a sua sensibilidade artística no desenho e na ilustração das mensagens, Chico conseguiu guardar durante toda a sua vida um único exemplar, que ao final de sua existência terrena entregou ao seu sobrinho-neto, Sérgio Luiz Ferreira Gonçalves, que no-lo apresentou para a devida divulgação. Esse é então, de fato e de direito, o primeiro livro de Chico Xavier, que a Vinha de Luz Editora da Casa de Chico Xavier de Pedro Leopoldo trouxe a lume, com a alegria de presentear o amado amigo Chico com a edição de seu *primeiro livro* no ano de 2010, ano de seu centenário de nascimento.

ESPÍRITOS DIVERSOS
PSICOGRAFIA DE FRANCISCO CÂNDIDO XAVIER
ORGANIZAÇÃO DE GERALDO LEMOS NETO E
SÉRGIO LUIZ FERREIRA GONÇALVES

Leia também

CHICO XAVIER —
A AURORA DE UMA VIDA ENTRE O CÉU E A TERRA

As mensagens aqui apresentadas foram psicografadas por Chico Xavier e publicadas no jornal espírita *Aurora*, dirigido por Inácio Bittencourt, entre julho de 1928 e abril de 1933. Nesses primeiros anos, Chico era ainda muito jovem, não sabia quem eram os espíritos que se comunicavam por meio dele, e era praticamente desconhecido fora das terras mineiras. A lucidez do jovem Chico Xavier ao comentar, ele mesmo, alguns trechos doutrinários sobre os postulados espíritas surpreende e seja em verso ou em prosa, sobre os mais variados temas, o leitor encontrará nesse livro preciosas lições de vida, ora nos ensinando a aceitar e a bendizer o sofrimento e as provas diárias, ora nos ensinando a viver uma vida verdadeiramente cristã e espírita, mostrando, por fim, quão breve é a existência terrena perante a eternidade do tempo.

ESPÍRITOS DIVERSOS
PSICOGRAFIA DE FRANCISCO CÂNDIDO XAVIER
ORGANIZAÇÃO DE JOÃO MARCOS WEGUELIN

LIÇÕES PARA ANGELITA

Quando Chico Xavier tinha apenas 20 anos, dois personagens importantes surgiram para marcar a sua vida: a menina Angelita e sua mãe extremosa. Esse livro contém 20 mensagens repletas de ensinamentos preciosos, repassados de mãe para filha, a partir do dia a dia que ambas vivenciam e também das perguntas que a menina faz sobre os mais diversos temas acerca da existência. São lições para todas as pessoas. A receita segura para a construção do homem de bem – meta que todos nós devemos buscar.

PELO ESPÍRITO JOÃO DE DEUS
PSICOGRAFIA DE FRANCISCO CÂNDIDO XAVIER
ORGANIZAÇÃO DE JOÃO MARCOS WEGUELIN

DEPOIS DA TRAVESSIA

Mais um volume da psicografia inédita de Chico Xavier, por espíritos diversos. A sua primeira parte é originária da fase do médium em Pedro Leopoldo, na Fazenda Modelo, na qual, após o serviço, frequentou o culto do Evangelho no lar do *Grupo Doméstico Arthur Joviano*, levado a efeito, semanalmente, pela família de Dr. Rômulo Joviano. Já a segunda parte é fruto da última fase da psicografia do médium em Uberaba, onde, nas sessões públicas do Grupo Espírita da Prece, recebeu o espírito da irmã, D. Luiza Xavier, em diversas oportunidades, a partir de 13 de julho de 1985. Permeando as comoventes mensagens desses espíritos sobre a própria sobrevivência além-túmulo, há fac-símiles de mensagens de Emmanuel e de Bezerra de Menezes, fotografias e escritos inéditos de Chico Xavier ilustrando as épocas e as personalidades citadas. A obra é, pois, instrutivo volume contendo valiosas informações sobre a vida espiritual Depois da travessia dos umbrais da morte do corpo físico, a induzir-nos o espírito distraído no mundo a uma mais ampla reflexão sobre a imortalidade, patenteando-se-nos a real significação das palavras de Jesus, nosso Senhor e Mestre: "A cada um será dado segundo as próprias obras."

ESPÍRITOS DIVERSOS
PSICOGRAFIA DE FRANCISCO CÂNDIDO XAVIER
ORGANIZAÇÃO DE GERALDO LEMOS NETO E
WANDA AMORIM JOVIANO

MILITARES COM JESUS

As lições deste livro são de autoria de respeitáveis espíritos que passaram pela Terra na difícil experiência como militares. Portadores de grandes responsabilidades no dever, na disciplina, sobretudo integrados na justiça, propugnam, com amor, pela paz e pela felicidade dos povos, e do Brasil como pátria do Evangelho de nosso Senhor Jesus Cristo. São fragmentos extraídos do livro *Militares no Além*, psicografado por Francisco Cândido Xavier no período de 1936 a 1952 em Pedro Leopoldo, Minas Gerais, selecionados e organizados no presente volume como valiosos ensinamentos dos benfeitores da Vida Maior.

POR ESPÍRITOS DIVERSOS
PSICOGRAFIA DE FRANCISCO CÂNDIDO XAVIER
ORGANIZAÇÃO DE CEZAR CARNEIRO DE SOUZA

Leia também

REGISTROS IMORTAIS

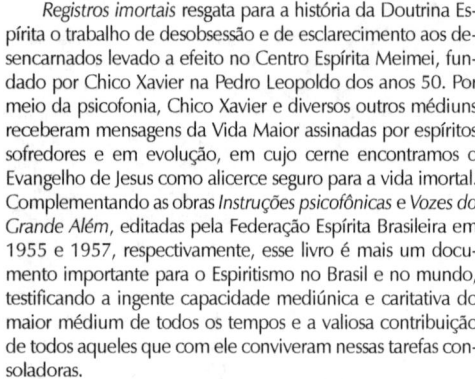

Registros imortais resgata para a história da Doutrina Espírita o trabalho de desobsessão e de esclarecimento aos desencarnados levado a efeito no Centro Espírita Meimei, fundado por Chico Xavier na Pedro Leopoldo dos anos 50. Por meio da psicofonia, Chico Xavier e diversos outros médiuns receberam mensagens da Vida Maior assinadas por espíritos sofredores e em evolução, em cujo cerne encontramos o Evangelho de Jesus como alicerce seguro para a vida imortal. Complementando as obras *Instruções psicofônicas* e *Vozes do Grande Além*, editadas pela Federação Espírita Brasileira em 1955 e 1957, respectivamente, esse livro é mais um documento importante para o Espiritismo no Brasil e no mundo, testificando a ingente capacidade mediúnica e caritativa do maior médium de todos os tempos e a valiosa contribuição de todos aqueles que com ele conviveram nessas tarefas consoladoras.

ESPÍRITOS DIVERSOS
PSICOFONIA DE FRANCISCO CÂNDIDO XAVIER
ORGANIZAÇÃO DE EUGÊNIO EUSTÁQUIO DOS SANTOS

PÉROLAS DE SABEDORIA

Compulsados do livro *Sementeira de luz*, organizado por Wanda Amorim Joviano, as frases e os textos apresentados no livro Pérolas de sabedoria foram coletados e reunidos por Braz José Marques com o propósito de engrandecer o aprendizado de todos nós nos estudos evangélicos do dia a dia. As pérolas da Espiritualidade — aqui incrustadas na condição de joias valiosas — são fundamentais para o esclarecimento daqueles que delas se valerem, expositores ou não da Doutrina Espírita.

PELO ESPÍRITO NEIO LÚCIO
PSICOGRAFIA DE FRANCISCO CÂNDIDO XAVIER
ORGANIZAÇÃO DE BRAZ JOSÉ MARQUES

CHIQUITO

CHIQUITO, da autora portuguesa Julieta Marques, conta um pouco da vida de Chico Xavier em linguagem acessível e direta, num convite ao amor, à humildade e à disciplina exemplificados pelo *médium do século*. Totalmente ilustrado, CHIQUITO é o segundo título da Vinha de Luz Editora voltado à evangelização infantil, que atende, sem dúvida alguma, às *crianças de todas as idades*.

JULIETA MARQUES

O voo da garça —
CHICO XAVIER EM PEDRO LEOPOLDO | 1910-1959

Esse trabalho histórico, do pesquisador pedroleopoldense Jhon Harley, que conviveu por 21 anos com Chico Xavier, é mais uma contribuição para compreender a figura humana do médium mineiro. Utilizando instrumentos e orientações do campo da História, principalmente no que diz respeito ao uso e à interpretação das fontes orais, escritas e iconográficas disponíveis, o autor transitou entre o acadêmico e o poético, fazendo uma analogia entre uma revoada de garças, ocorrida em 2 de abril de 1910, e a permanência de uma delas entre nós.

JHON HARLEY

CHICO XAVIER —
O MÉDIUM DOS PÉS DESCALÇOS

Chico Xavier foi, durante toda a sua vida, a personificação do bem, do amor ao próximo e da humildade. Nesse livro, Carlos Baccelli relata casos pessoais em torno do médium mineiro e registra, por meio de cartas que agora torna públicas, sua amizade estreita com o maior representante do Espiritismo no Brasil e no mundo. O autor nos coloca em contato muito próximo com Chico Xavier. É como se estivéssemos frente à frente com ele, numa conversa intimista, repleta de ensinamentos. É quase uma conversa ao pé do ouvido — em que podemos sentir de novo, e mais uma vez, a sua insubstituível presença.

CARLOS ANTÔNIO BACCELLI

$\mathcal{L}$eia também

CHICO XAVIER COM VOCÊ

Chico, mais que médium, era sábio. Em seus lábios, tanto ecoavam lições dos espíritos amigos quanto ensinamentos de sua própria autoria. Aqui, nessas páginas, garimpando em obras, revistas e periódicos antigos, o autor organizou uma coleção de pérolas que, sem dúvida alguma, não figuram em nenhuma outra coleção do mundo. Por isso, certamente, com esse abençoado livro você estará de posse de um tesouro de valor incalculável. Um tesouro que fará de você uma das pessoas mais ricas entre todos os homens!

CARLOS A. BACCELLI

PEDRO LEOPOLDO VISTA POR CHICO XAVIER — 1910 | 1959

49 ANOS DA PRESENÇA DO MAIOR MÉDIUM DE TODOS OS TEMPOS

O que o menino, o jovem e o adulto Chico Xavier vislumbrou em seus primeiros anos de experiências humanas e durante o desabrochar de suas faculdades mediúnicas a serviço do Cristo e da Doutrina dos Espíritos? O que teria o seu cândido olhar registrado pela retina da convivência e da saudade? Esse livro reúne extenso material inédito sobre o maior médium de todos os tempos, com fotografias e documentos recuperados, classificados e arquivados pelo memorialista pedroleopoldense Geraldo Leão, do Arquivo Geraldo Leão, e por Geraldo Lemos Neto, da Casa de Chico Xavier, que retratam principalmente o ambiente socioeconômico e cultural de Pedro Leopoldo dentro do período em que Chico Xavier lá residiu, desde o berço, em 1910, até a sua mudança definitiva para Uberaba, em 1959.

GERALDO LEÃO E GERALDO LEMOS NETO

CÉLIA LUCIUS, SANTA MARINA —
SEMELHANÇAS ENTRE AS BIOGRAFIAS CATÓLICAS E O ROMANCE *50 ANOS DEPOIS* DE FRANCISCO CÂNDIDO XAVIER E EMMANUEL

CÉLIA LUCIUS, SANTA MARINA é a revivescência da vida daquela que Chico Xavier | Emmanuel descreveram no romance *50 anos depois* como "*o lírio que nasceu do lodo das paixões do mundo para perfumar a noite da vida terrestre*" e que a igreja católica canonizou no século V. Aqui, por meio do minucioso e irrefutável estudo biográfico realizado por Flávio Mussa Tavares, filho do saudoso Clóvis Tavares, de Campos | RJ, o leitor se deparará com diversos relatos sobre Célia, confirmando a veracidade da narrativa do médium mineiro nos idos dos anos 40, tal qual previra Emmanuel no prefácio da obra referenciada. Para os espíritas, a consolidação da interexistência de Chico no desdobramento do labor mediúnico a benefício da difusão da Doutrina e sua prática evangelizadora, exemplificando o amor e a humildade legitimamente cristãos. Para os demais, uma reflexão sobre as lutas transitórias da vida física e a realidade além-túmulo — a verdadeira vida de todos nós.

FLÁVIO MUSSA TAVARES

EVANGELHO PURO, PURO EVANGELHO —
NA DIREÇÃO DO INFINITO

Seguidor inconteste da Boa Nova do Cristo, e espírita em sua mais pura essência filosófica, Martins Peralva deixou para os estudiosos da Doutrina textos de iluminada sabedoria e reflexão, que foram reunidos no livro *Evangelho puro, puro Evangelho — Na direção do Infinito*, organizado por Basílio Peralva, e que a Vinha de Luz Editora trouxe a lume numa homenagem ao centenário de nascimento do *médium do século*, Francisco Cândido Xavier (1910|2010). A obra, que congrega artigos publicados na imprensa de 1945 a 1999, é indispensável ao homem de boa vontade, abordando temas imprescindíveis a todos os corações que jornadeiam rumo ao progresso espiritual.

MARTINS PERALVA
ORGANIZAÇÃO DE BASÍLIO PERALVA

Leia também

ISABEL —
A MULHER QUE REINOU COM O CORAÇÃO

Dois dias após psicografar as primeiras das milhares de páginas através das quais o mundo espiritual se comunicou por seu intermédio, Chico Xavier manteve um revelador encontro com uma ilustre senhora que lhe mudaria o curso de vida. Era D. Isabel de Aragão, mais conhecida como Rainha Santa Isabel, a célebre rainha de Portugal, para sempre associada ao milagre da transformação do pão em rosas. Embora em circunstâncias e contextos distintos, ambos experimentaram o poder, a riqueza, a fama e a adoração, contudo, optaram por viver uma intensa vida interior feita de humildade, perdão, tolerância, paciência, compaixão e caridade como expressões do amor. Esse trabalho avança para além da vida de Isabel de Aragão, apresentando outras duas figuras históricas: Santa Isabel da Hungria e Isabel de Portugal, duquesa da Borgonha. Colocadas as narrativas das vidas das três personagens lado a lado, emergem repetições e similitudes, nas quais encontramos a essência da reencarnação. Obviamente, caberá a cada leitor fazer o seu juízo de valor perante os fatos, porém, no conjunto das três, verificamos como uma personalidade se desenvolve e se amplia nas ações meritórias, exemplificando-se o progresso próprio e incessante pela condição moral que apresenta, pois sendo as almas iguais pela filiação são diferentes pela consciência espiritual que revelam. Segundo testificou o próprio Chico sobre D. Isabel de Aragão, *"ela é um dos gênios espirituais protetores da raça luso-brasileira em diversas partes do mundo para que os povos luso-brasileiros conservem a fraternidade cristã que Jesus nos legou"* (Adelino da Silveira, *Chico, de Francisco*, CEU).

MARIA JOSÉ CUNHA

ERA UMA VEZ PARA SEMPRE

Voltado à evangelização infanto-juvenil, esse livro é um compêndio de mensagens de graciosa narrativa, que enfeixa os ensinamentos do Cristo sob a ótica do Espiritismo, correlacionados a diversos assuntos de ordem espiritual e humana. Suas personagens principais — crianças sedentas de amor e de conhecimento — encantam pela perseverança no bem, sempre amparadas pela nobre e sábia Vovó Angel, que, como o próprio nome já diz, é um anjo do Senhor em suas vidas de aprendizado rumo à luz.

PELO ESPÍRITO BLANDINA
PSICOGRAFIA DE CARLOS MALAB

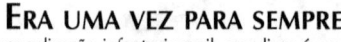

RÉSTIA DE LUZ

Primeiro livro editado pela Vinha de Luz Editora, lançado por ocasião do bicentenário de Allan Kardec (1804|2004) e dos 140 anos da primeira edição de *O Evangelho Segundo o Espiritismo* (1864|2004). Traz mensagens recebidas de espíritos diversos, psicografadas pelo médium Geraldo Lemos Neto, que interpretam as lições de *O Evangelho Segundo o Espiritismo*, nos indicando os caminhos mais certos da vida no permanente convite de nosso Mestre e Senhor Jesus.

ESPÍRITOS DIVERSOS
PSICOGRAFIA DE GERALDO LEMOS NETO

IGNÁCIO DE ANTIOQUIA

Uma viagem ao tempo da simplicidade e da pureza do Cristianismo, em sua mais bela e genuína expressão. Obra mediúnica repleta de episódios históricos do Cristianismo primitivo, que resgata para a memória da humanidade a vida e a trajetória de um dos seguidores mais valorosos de nosso Senhor Jesus Cristo.

PELO ESPÍRITO THEOPHORUS
PSICOGRAFIA DE GERALDO LEMOS NETO

Departamento Editorial da Casa de Chico Xavier
Av. Álvares Cabral, 1777 — 20º andar — Sala 2006
Santo Agostinho | 30170-001 | Belo Horizonte | MG
(31) 2531-3200 | 2531-3300 | 3517-1573

www.vinhadeluz.com.br
informacoes@vinhadeluz.com.br

www.casadechicoxavier.com.br
informacoes@casadechicoxavier.com.br

Este livro foi composto em tipologia Zapf Humanist, corpo 11, predominantemente.
Capa impressa em papel Supremo 300g e miolo impresso em Pólen Soft 80g.
Lis Gráfica e Editora Ltda. | Guarulhos | São Paulo